Life Here and Hereafter

Kathopanishad

此生與此後

認識《卡塔奧義書》，
化解對死亡的恐懼，
揭開生死的奧祕。

斯瓦米・拉瑪 Swami Rama 著　　石宏 譯

目錄

譯者序

《奧義書》是印度傳統哲學主流派別之一「吠檀多學派」的經典，現存的文獻顯示有兩百部之多，而被稱為核心《奧義書》的則只有十多部。本書一開始就談到《奧義書》的價值，為讀者對《奧義書》的由來，以及它對人類精神文明的貢獻，做了非常簡扼而有用的介紹。

這本書談論的《卡塔奧義書》，屬於核心《奧義書》，被許多人認為是研讀《奧義書》的下手處。根據本書的「前言」，作者斯瓦米拉瑪大師曾經幾次講述《卡塔奧義書》，本書乃由這些授課紀錄集結而成。一九九六年，斯瓦米拉瑪自知即將圓寂，特別交代弟子盡速為他整理出版生前最後一本書，名為《神聖旅程》，書中許多內容則是取自本書，由此可見他對《卡塔奧義書》的重視程度。而本書的原文書名是「Life Here and Hereafter」，直譯是「生命在此處與此後」，這就是貫穿全書的一個關鍵觀念。生命和身體不同，不會隨著身體的死亡終結，而是會持續下去。人生應該被視為一段神聖旅程，人生的意義就是要去到旅程目的地之所在。

《卡塔奧義書》藉著一段故事來講解死亡的奧祕，為什麼凡人總是生死循環不斷，又該如何從這個困局中解脫出來。作為主講者，有誰會比死神閻摩更合適？而他要開講的契機，是因為他讓虔誠的少年納奇克塔任意求三件事，也就是許三個願。誰知少年既不求財也不求名，乃至長生不老、子孫滿堂也不求，連死神許他享天仙之樂也不要。試問，如果換成我們，會求什麼？

我們一生所追求的，除了這些「人天福報」之外，還有什麼？

這位少年之心願清單中的三件事分別是，第一，願自己的生父不再為他而傷神；第二，願學會某一個殊勝的火供法；第三，願明白死亡的奧祕。前兩個願望，閻摩即刻應允了，至於第三個則是先測試少年的心願是否堅定不移，才肯講出這個連神仙都不明白的祕密，全書絕大部分的篇幅都是在解說這個主題。

吠檀多哲學是一門智慧之學，是古代智者將內證之經驗，以理性哲理的方式表述出來，在回答「我是誰？我從哪裡來？我來此生的目的是什麼？我此生之後去哪裡？」這些人生終極的疑問。它所追求的是終極的、永恆不變的真理。斯瓦米拉瑪說過，喜馬拉雅這個傳承在修練上是以帕坦迦利所傳的瑜伽體系為基礎，然而，所遵行的哲學體系則是吠檀多的「不二」，所以需要學習《奧義書》。

現行流通關於《奧義書》的中文書籍為數不多，譯者希望此書能觸發更多的華文讀者學習《奧義書》的興趣。由於原書沒有《卡塔奧義書》原始經文，為了方便讀者對照學習，譯者參考網上《卡塔奧義書》的幾個英文譯本，整理翻譯為中文附在書後，翻譯若有不實不盡之處，煩請見諒。

此外，斯瓦米拉瑪的弟子，譯者的老師斯瓦米韋達於二〇〇四年曾經在印度德里的一個研討會中，以死亡恐懼以及納奇克塔的三個心願為題，做過一場精彩的演講，其中有許多獨到的見解，例如死亡恐懼的源頭以及對治之方，納奇克塔的三個心願在靈性修行上的意義為何。所以譯者把演講的紀錄譯為中文附在本書中，也是原書所無。

最後，提醒讀者們，書中有介紹，傳統上學習吠檀多哲學，需要經歷

「聞」、「思」、「修」三個過程，最後是「證」，如此才有意義，否則就徒然是一種知識上的行為，並非是學習吠檀多之道。這與《論語》所說的「學而不思則罔」，以及《禮記》的「博學、審問、慎思、明辨、篤行」何其相似。有趣的是，「篤行」也就是斯瓦米韋達在文中所說的一種「擇善固執」（abhiniveśa），是經過博審思辨的功夫之後，確信自己已經「如實知」，把它付諸實行，讓所知的成為自己基本的心態。然後，這種擇善固執才能消除對死亡恐懼的那種固執（abhiniveśa）。這其中的奧妙處請讀者自行體認。

傳統上，學習《卡塔奧義書》之前，師徒都要唱誦一段梵文和諧頌禱：

OM saha nāv avatu
saha nau bhunaktu,
saha vīryaṁ karavāvahai
tejasvi nāv adhīm astu
mā vidviṣāvahai
OM śāntiḥ śāntiḥ śāntiḥ

嗡。願彼（梵）護佑我等雙方
願彼（梵）欣喜／滋養我等雙方
願我等共同生起性靈之力
願我等所共同學習者能光耀之
願我等於彼此無憎怨。
嗡　祥和　祥和　祥和

前言／

化解對死亡的恐懼

本書是根據斯瓦米拉瑪某次巡迴世界各地講課的內容匯集而成。前來聆聽這位喜馬拉雅山大師演講的人，包括了日本的立正大學（Risso University）、夏威夷大學、合一教會（The Unity Church）、曼寧哲基金會（The Menninger Foundation）的學生和同仁們，以及其他聽眾。

本書很難展現出在巡迴講學現場那種啟發人心的氣氛，不過，讀者比起現場的聽眾卻有一個優勢。因為本書保留了那些演講的甘露，並以經過爬梳整理和緊湊編排的方式表現出來。斯瓦米拉瑪天馬行空式的即席講演，被轉化成筆調清晰的行文形式，所以能接觸到越來越多的求道人士，滿足他們對靈性的渴求。

這些啟發人心的演講是來自於那些被稱為《奧義書》的古籍。其中一部是《卡塔奧義書》（*kathopanishad*，或寫作 *Kaṭhopaniṣad*，也有音譯為《迦陀奧義書》、《卡陀奧義書》），內容是描述一個大多數人害怕面對的千古之謎：死亡之祕。故事開展為一段精彩的對話，是死神閻摩（yama）和探究死亡奧祕的少年納奇克塔（Nāciketa）之間的對談。故事中所刻畫的人物可以適用於任何人，因為即使是最勇敢的人，最終也無可避免會被這個可怕的神祕所籠罩。誰能抵抗得了死亡？

本書所肩負的挑戰任務，是化解死亡以及對死亡的恐懼。

在此要感謝辛勞從事整理文稿的編輯人員，包括了約翰．博爾特（John Boldt）、特蕾莎．奧布萊恩（Theresa O' Brien）女士，以及受託出版本書的喜馬拉雅出版社（Himalayan Publishers）。

——神學博士　賈斯丁．歐布賴恩（Justin O' Brien）①

譯註

1. 賈斯丁．歐布賴恩（1932-2021）神學博士，自一九七二年起追隨斯瓦米拉瑪，是大師的忠實弟子，一九九九年在恆河之濱受剃度出家，法號 Swāmī Jaidev Bhāratī，終生教學寫作不輟。所作《與喜馬拉雅大師偕行》（*Walking with a Himalayan Master: An Americans Odyssey*）一書，記錄了他在大師身旁的所見所聞，大師傳人斯瓦米韋達為之作序，形容讀來「有淚水，有歡笑」。

第一章／《奧義書》的價值

《吠陀》（*Veda*）被舉世公認為人類歷史上現存最古老的靈性啟示文獻，它共有四部：《梨俱》（*Ṛk*）、《娑摩》（*Sāma*）、《夜柔》（*Yajus*）、《阿闥婆》（*Athavan*），每一部中又隨著古代社會不同的氏族而分為不同的篇章。各個氏族真正的目的和宗旨，是從事宗教禮儀和祭祀（**yajña**）。由於氏族或族群之間相應的祭品和「曼陀羅」（**mantra**）①彼此各不相同，每個群體就採用並發展出各自所適應的誥諭和徵驗。這些不同之處都反映在四部《吠陀》的內容中，也反映在學習和解讀「曼陀羅」所採用的文法上。每一部《吠陀》中都包含了不同的《奧義書》（*Upaniṣad*），它們全部都被印度主流道統奉為權威的天啟。許多大智者為《奧義書》所寫的釋論，到今天仍然被學者們公認極具價值。

《吠陀》中的「曼陀羅」，也就是啟人的讚詠，都是得自仙聖口中所宣說的真理。威亞薩（**Vyāsa**）②將這些零散的《吠陀》真理之寶彙整並分為四部。其中最古老的一部是《梨俱吠陀》。

仙聖昔日在詠唱時，使用的是一種由七度音階所構成的曲調。值得一提的是，七度音階的音樂最早是由古印度的仙聖所發現。

此外，早在現代人知道宇宙由七個球體所構成以前，瑜伽士就已經知曉它們的存在。今日有許多科學家相信，即使是原子中的電子，也是在七個球體軌道運行③。原子是由電子、中子、質子所組成。中子構成原子的中央核心，主導著整個原子量。電子是以不同的軌道環繞核子運行，軌道與能量的高低有關。電子的軌道越高，就代表更高的能量。同樣地，我們人體的中心位置是「阿特曼」（ātman）那個本我的所在，七個脈輪代表不同能量的軌道。脈輪的位置越高，代表更高的能量。這個現象最早是由印度的瑜伽士所發現，現代科學很久以後才「重新」發現它。

一般而言，《奧義書》是構成《森林書》（*āraṇyaka*）的一部分，後者又是構成《吠陀》中《梵書》（*Brāhmaṇa*）的一部分，不過，也有《森林書》是屬於《本集》（*Saṃhitā*）的一部分。《奧義書》是屬於《吠陀》中所謂的「智慧部」（jñānakāṇḍa），與其相對的是屬於祭祀儀禮的「作業部」（karmakāṇḍa）。《奧義書》也被稱為「吠檀多」（Vedānta），意思是「吠陀之末」，因為它們通常屬於《吠陀》最末尾的部分，所表述的是《吠陀》最高目的所在，是個人靈魂由繫縛得到解脫的至上智慧。

學者們對於《奧義書》這個名詞有不同的解讀。馬克思．繆勒（Max Müller）④教授說：「西方學者都同意其梵文 Upa-ni-ṣad 是來自字根 sad，意思是『坐』，前面的兩個介詞 ni 是『下』，upa 是『靠近』，所以，這個字所表示的意義是：一堂課的一班學生坐下靠在老師身旁，聽他講授。」繆勒教授自己也持這個見解，雖然他承認在古代文獻中任何地方都找不到這種解讀的出處。東方的學者們則認為，Upaniṣad 這個字的來由是梵文的 sad，它的意思是：一、摧毀，二、引導，三、解開。如果我們採用第一個意思，那麼《奧義書》的意義就是「能摧毀無明以及摧毀個人靈魂迷信者」。如果我們採用第二個意思，意義就變成「能引導個人靈魂前往成就終極目標者」。第三個意思則表徵「能將我們的物質身體從世間的設定和對物質世界的愛執解開者」。如同太陽的光明能消除黑暗，《奧義書》的光明能摧毀我們無明的黑暗。

因此，《奧義書》的梵文 Upaniṣad 這個名詞，意義為「能摧毀個人靈魂的無明；能引導求道者前往獲取最高智慧和圓滿；能解開我們對物質世界、對世間引誘、對我們這個物質無常一己的愛執」。

商羯羅（Śaṅkara）和其他注解大師們對《奧義書》有三種解讀方式：

1.《奧義書》是吠陀的大智者在最清澄超越的狀態中（也就是三摩地狀態中）所獲得的天啟。他們將這些真理傳授給弟子們，後者又一代代用口耳相傳的方式將這些真理保存下來。

2.《奧義書》所教導的，是普世、永恆的真理。這真理是獨一無二的。吠陀的大智者將他們在得到天啟之時所見到的真理，用字語表達出來，就叫做「曼陀羅」。「曼陀羅」（mantra）這個字的意思是「將心識從憂傷中解脫的那個」。

3.《吠陀》的經文宣稱，「梵」（Brahman）為了要實現它的光耀和崇高，所以變成了「多」。如此多樣，或者說多數，只是那絕對者對自己所做的轉化，它整體上仍舊是一，沒有第二者。人類的無明使得他們被多樣玩弄於股掌之間。他們走過這個充滿不確定和幻覺的世界，卻沒有獲得任何真正值得擁有的。他們為自己製造出一個永恆的生死循環，無法從中逃脫。《奧義書》的教導是在指出一條能從生死輪迴中解脫的道途。

在眾多為《奧義書》作釋論的大師之中，鶴立雞群的那一位無疑是商羯羅大師，他是位獨具洞見的思想家，也是一位瑜伽士，也許是世上所僅見最偉大的一位形而上學大師。《奧義書》中，一般公認有十二部是最古老也是最如實的，商羯羅都為它們寫了釋論。除了這十二部之外，還有其他的《奧義書》，它們共同構成了《吠陀》中理性思維的部分。

《奧義書》並非是學者對什麼特定題材所寫的論文。它們是個寶藏庫，是永恆智慧的所在，但不是人類行為所能創造出來的。我們在這裡面找到關於此生和來世的偉大真理，也找到了世俗生活的理想境界。

商羯羅稱其為「解脫論」（Mokṣa Śastra），或者是「知梵之學」（Brahma Vidyā），因為《奧義書》所展露的是對那最高絕對，也就是「梵」的知識。真誠追求這個真理之人、已經將自心轉化成純淨覺識之人，一定能斬斷生死輪迴之結，獲得終局解脫。《奧義書》的主題是證悟本我，就是要做到徹底熄滅塵世欲望之火，同時獲得超越的知識。

根據偉大的聖人實喜（Sadānanda）的見解，《奧義書》這個名稱就代表著吠檀多。他說，吠檀多哲理的珍寶是從《奧義書》中收集而來。《奧義書》有如葡萄，而「知梵之學」，或者說吠檀多的哲理，是葡萄所榨出的汁。吠檀多是理性、邏輯的哲學，是將《吠陀》的大智者所見到的普世真理予以體系化，以流傳萬世。

譯註

1. 《吠陀》中每一句均稱為「曼陀羅」，或譯為「真言」、「咒語」。
2. 這位威亞薩並非為《瑜伽經》註釋的那位威亞薩。
3. 現代科學界則是認為電子運行沒有固定軌道，而是以概率分布。
4. 馬克思・繆勒（1823-1990）德國學者，近世研究印度文化之著名大師。

第二章／

《卡塔奧義書》在《奧義書》中的地位

《卡塔奧義書》屬於《夜柔吠陀》中「黑夜柔吠陀」（kṛṣṇa yajurveda）部分的《卡塔系》（*kaṭha śākhā*）。《夜柔吠陀》中，講理則的部分包括了幾部重要的《奧義書》，《卡塔奧義書》是其中最珍貴的一部。這部《奧義書》共有兩章，每一章各包含了三個詩節，就是三節對話，第一章共有七十一句「曼陀羅」，第二章則有四十八句「曼陀羅」。

《卡塔奧義書》主要是一部形而上學的著作，用詩歌形式來展述最高的哲學真理；後世的《薄伽梵歌》（*Bhagavad Gītā*）中很多哲理的主要來源，就是借自《卡塔奧義書》。事實上，《卡塔奧義書》的「曼陀羅」序號第 1.2.15、18、19，幾乎是被《薄伽梵歌》的 VIII.11、II.20、II.19 所直接引用。《薄伽梵歌》中「宇宙樹」的概念（該書第十五章），以及講到「阿特曼」（ātman）凌駕了層層的感官、感官的對象、意念、智性（該書第三章四十二至四十三頌），同樣也似乎是直接受到《卡塔奧義書》的 2.3.1 以及 1.3.10-11 所啟發。

《卡塔奧義書》有兩個最突出的題目，一個是「以馬車比作身體」的妙喻，另一個是以死亡和夢境的手法來闡述「什麼是真實」這個難題。整本《卡塔奧義書》都是在對靈魂不朽作形而上的玄思，以及對如何證得「阿特曼」的實修建議。《卡塔奧義書》的主題，是那個既超脫又臨在的一個不二真實，要實證它就必須超越這個世間人生俗事的羈絆。

有些論者主張，《卡塔奧義書》應該是隨著第一章結束就自然終止了，他們的根據是在那個結尾處所出現的正式複誦語句以及「所證果的陳述」（phalaśruti）。第二章似乎是在《奧義書》原文編纂完成後所附加，所以在全書結構上出現了斷層。雖然如此，古代的以及足堪信任的論者們仍然認為《卡塔奧義書》是一部完整的經典。

《卡塔奧義書》揭櫫了生死的奧祕，闡述業力的法則以及所有生靈的歸途，也指出終極掙脫苦厄之道。這部《奧義書》講的是某一件非比尋常之事，開始時用一個有教育性的故事，來描述每個人都會有許多疑問，同時又充滿了信心，而終於去追尋最高的智慧和安樂。

書中那位年輕的求道者納奇克塔（Nāciketa），代表了所有的發問者，死神閻摩親自給予他非常獨特的解答。已經走在沉思冥想以及自我證悟之道上的人，可以輕易了解到這個美妙故事的主旨。納奇克塔和死神，可以分別比擬為每個人低階次的心識以及最高階次的明辨智慧，這也是一般對《薄伽梵歌》中的主角阿周那和奎師那之角色的解讀。

很自然地，所有追尋真理的人滿腦子都是疑問，所以他們會如同無神論者一般爭論，寄望能因此得到他們問題的解答，從而找到一個終極真理的確實證明。納奇克塔所表徵的是誠心追尋真理的求道者。死神閻摩則是已經證悟自我的大師，他要測試納奇克塔求道之心堅定到什麼程度。他試著提供種種享樂和財富來誘惑納奇克塔，但是納奇克塔都不為所動。最終，納奇克塔得到了最珍貴的恩賜，證悟了神。在飲用不朽甘露之後，納奇克塔得到了絕對的自在，不再受制於世間的羈縛，成為所有追尋真理之人的光明典範。

納奇克塔這個美麗的故事教給我們的是，願意為了自我證悟而捨棄一切，且能深切發心之人，一定能獲致瑜伽最高的成果。人生所能經歷的一切樂趣、最高的享受都無法持久，它們不會無止盡地延續下去。在這個世上最極致的享受，都只是暫時性的。苦和樂都是由我們在這個世間的行為及心念所定。無論你去到何處，都無法改變它們。

假如有個人去到荒郊野外孤獨過活，他還是會被自己的欲望逼瘋，因為他不能拋下自己的心念。如果此生無法揚棄自己的心念，他怎麼能期盼自己死後可以掙脫所有的欲望？想要去除自己欲望的人必須從此生開始，要經由自我控制來超越世俗的欲望。所有世俗的欲望只會不斷地把人拉回到這個世界來。它們不會助人從這個世界得到解脫。因此之故，能降低我們對物質身體以及物質條件的依賴，才是最具有價值的，其他任何東西都比不上。

5 納奇克塔的故事

對於追尋真理之人，納奇克塔的故事裡所解說的是最高智慧。那是關於永恆本我的智慧，是知我們的本來。真實的本來超越了我們感官的認知範圍。那麼我們要如何獲得最高的喜樂？這是在所有追尋真理之人心中所生起最首要的疑問。這個最重要的問題是《卡塔奧義書》所要探討的主題。它的故事是述說一位少年如何因為去到死神「閻摩」（Yama）①的居處而證得最高智慧。

《卡塔奧義書》故事中有三個人物：伐加師若法（Vājaśrava）②、納奇克塔、閻摩。閻摩是第一個死去的人類，他成為所有離世生靈的統治者。伐加師若法是一位富人，他從事一項名為「勝世」（viśvajit）③的祭禮，在這個祭禮結束後，主祭者需要捨盡自己所有的一切和享受，全部用來供養偉大的聖人以及飽學的婆羅門祭師。這個祭禮在當時是最殊勝的一種祭祀。肯於犧牲自己眼前的利益，並深信為了更長久遠大的目標就應該犧牲所有無常的東西，如此之人就能認識到真實。

伐加師若法有一名叫做納奇克塔的兒子。他只是個少年，卻有著無比的信心，是位追尋真理之人。雖然伐加師若法應承會捨盡自己的財富和所有的物資，但是並沒有完全做到當時聚集在會上的智者們所預期的地步。他捐出去的盡是老病目盲且沒有奶水的牛隻，這些對任何人都沒有什麼用處。他把好的牛隻留給自己。

納奇克塔理解這個祭禮的本質，而且對它有很強的信心，自然感到難過而心痛。於是他直接去問父親，「父親，你要把我送給誰？」④伐加師若法沒有回答。當孩子重複追問了第二次、第三次後，他暴怒地說：「你，我要送給死神閻摩！」

孩子把父親的氣話信以為真，開始準備前往閻摩的居處。他樂於服從父親的指示，他用來自我安慰的想法是，自己將是第一個活著去到死神居處之人。他的心地純潔，絕不質疑父親的意願，同時又亟欲解開塵世生命以及生命目的何在的奧祕。

在此值得一提的是，求道者準備好自己去接受啟引，就算是接受死神啟引，定然會得到高深的智慧。學習瑜伽之人能夠實證到，在捨盡世俗欲望之後，縱然從世俗眼光看來會認為他已死亡，但是他已經成就生命不朽。

去到死神的居處，意味著已經無所懼。為了更高智慧而不惜一死之人，當他去到死神居處時，反而會發現死神不在家中。每個發心求道之人，在走上沉思冥想和自我證悟之道以前，都應該先培養如此的心態。納奇克塔說：「死不算什麼。所有生靈都像會穀子一般發芽，然後又再死去。這次我將會是發現真理，解開死亡之謎的第一人。」

三個賞賜

當納奇克塔進入亡靈的世界時，死神閻摩卻不在家。納奇克塔就在死神的居處等了三天三夜，沒有東西可吃，連水也沒得喝，完全沒有受到招呼（在此我們要提一下什麼是「出家啟引」（sanyāsa dikṣā），就是點化啟引走上出家之途。在給予出家啟引時，需要用幾種方式來考驗弟子。例如，會要求弟子在荒僻的墳場待上兩、三天，用來測試弟子是否無懼）。

然而，納奇克塔道德高尚，又懷著不可動搖的信心和決心，所以他就守在那裡絲毫不受影響。死神回來後，見到了這位年輕的求道者，因為自己沒能盡到地主之誼招呼他而感到歉疚。印地傳統的觀念認為，如果客人沒有受到適當的招待，他會把所有的厄運留給主人，同時還會帶走主人所有的功德。沒有好好招呼客人的家庭，此後所有的善行都無法得到善報。

死神說：「噢，婆羅門（**Brahmin**）⑤，我向你致敬。因為你在我家中待了三天三夜，沒有受到任何款待，我給你許三個願望，不論你求什麼我都會應允。我非常樂意賜予你好運和財富。」

少年納奇克塔回答說：「我的第一個心願是，願我的父親不再生我的氣，不要為我擔憂。噢，死神，請賜他人世間所有的福報和安樂。」想像一下，這名少年第一個願望居然是要贏回父親的歡心，這是何等孝順的兒子！

死神非常樂意准了第一個願望，他說：「噢，納奇克塔，你的父親見到你時將會非常高興，會以無比的愛意和柔情來對待你。」

納奇克塔說：「在天國裡無有恐懼亦無有死亡，無有老化亦無有衰退，無有飢餓亦無有乾渴，無有痛亦無有苦，只有永恆的喜樂。死亡的統治者，只有您知道凡人該如何做祭祀，才能進入這個喜樂天國。這是我所求的第二個願望。我想知道什麼樣的祭祀能讓凡人進入天國。」死神也准了他的第二個願望，透露了凡人該從事什麼祭祀才能入住天國的祕密。

納奇克塔是位非常有天分的學生。死神教他的祭祀法一學就會，能夠完整無瑕地依樣重做。死神非常高興，於是額外給了他一個賞賜。死神為了獎賞他能精於此道，就把那個火供法命名為「納奇克塔之火」（Nāciketāgni），又賜給他一條色彩繽紛的項鍊做為配飾。

然後，死神要納奇克塔選第三個願望，納奇克塔的願望是，「有種說法是，人離開這個世界就永遠走了。還有一種說法是，他會再生，人即使死亡了，他並非真正死去，而是以細微無形之身，繼續存在於一個細微無形的界域中，所謂的死亡只是脫下了外在的有形衣服。也有人相信人死了仍然生存。究竟哪一種說法才對？死後存在的是什麼？請為我詳述。這就是我所求的第三件事——死亡神祕的真相。」

最後一個心願的代價

死神閻摩可不想立即為納奇克塔解釋死亡的奧祕，他必須先測試一下弟子的心是否真切。他說：「噢，納奇克塔，這個問題連天神都有疑問。任何人想要明白可是非常困難的。你換個其他心願，任何別的心願我都會很樂意賞賜給你。」

納奇克塔回答說：「這個連天神們都不明白的奧祕，沒有別人能比您更具有智慧來作答。噢，死神，我不會提出任何別的要求。別的賞賜都比不上這個，我必須知道這個祕密。」

死神試著用別的東西來引誘納奇克塔，承諾可以賜予長命百歲，能夠享受天國中的一切樂趣；還可以讓他兒孫、曾孫滿堂，擁有上乘的馬匹和象隻，金銀首飾和稀有的珠寶，乃至於成為大地的統治者，但就是不想滿足這孩子的第三個願望。

死神閻摩說：「除了這個，我會滿足你的一切欲望，因為這個是生命中最大的祕密。對凡人來說，天界中的天女是可望不可及的，但你要的話全都是你的。就是不要再問我這個問題，我不想透露生死的奧祕。」

但是，少年納奇克塔不為這些迷人的誘惑所動。他說：「所有這些幻滅無常的東西對我有何用？所有感官能覺受到的東西都是短暫的，而且生在這個世界中就不免會死亡和衰老。如果不能得到解脫的智慧，就算生在天國中也活得不值得。所有你說的那些輕歌曼舞的天女以及世間誘人的東西，都只能提供感官的樂趣。噢，死神，您自己留著吧。沒有人可以從人間的富貴得到幸福。所有這些人間物質的享受，乃至於在天國的生活，都是無常的。明白了這個世界終不免敗壞，有誰會渴望僅僅長生？我不稀罕能活到一千歲。如果我得不到最高的智慧，不能知道最高的真理，長生不老又有何用？」

納奇克塔最後重複說：「如果即使連天神都感到疑惑，連他們都不知道這個問題的答案，只有您才能解開這個祕密，那就是我第三個心願。」

納奇克塔除了解開死亡奧祕的智慧之外，其他的賞賜都不接受。這位年輕的求道者去到死神的居處是為了求得最高的智慧。這個故事對於真心誠懇的慕道者具有無比的價值。證到覺識境地的人能得到最高的智慧以及永生，只有他們才能解開死亡的祕密，才能為走在瑜伽之道上的人說個明白。唯有不受到這個世間種種引誘所迷惑之人，才能知曉死後生命的神祕；死神才會為他們透露死亡之謎的祕密。

譯註

1. 閻摩應該就是中國所稱的閻王、閻羅王。
2. 納奇克塔父親名字是喬答摩（Gautama），Vājaśrava 是對這個家族的尊稱，意思是：有名望的善施者。
3. viśvajit 的意思是征服寰宇。
4. 納奇克塔明白父親應該把最寶貴的東西捐出來，因此覺得如果父親能捐出自己所寵愛的兒子，就能完成祭禮的目的
5. 這是對婆羅門階級者的稱呼。

第三章／靈性的守則

在古印度，最高的靈性知識只會傳授給真誠的求道者，他們必須是能夠自律，能遵守高尚道德戒律之人。能夠捨棄那些經由儀式、祭祀等途徑所獲得的享樂，惟有如此之人才能得到傳授。

根據架構出「不二」（advaita）哲學的大師商羯羅，如此的求道者必須具備的前提要件是一套稱之為「四行持」（sādhana catuṣṭaya）的道德戒律。這是說修行人必須具有的四個條件：一、已經有能力辨別永恆和無常

（nityānitya vastu viveka）；二、已能完全斷捨現世以及來世感官享受，沒有絲毫餘念（ihāmutrārtha-phala-bhoga-virāga）；三、已培養出身心自律等「六項德行」（śamādi-ṣaṭka-sampatti）①；四、對於出脫現世人生具有強烈的渴望（mumukṣutva）。具備這四個條件是進行更上一層樓的修練所不可或缺，而這些修練又包含了三個步驟：一、聞（śravaṇa）：從一位勝任的上師那兒聽聞聖典；二、思（manana）：應用自己分析推理的能力去思索其重要性；三、修（nididhyāsana）：無間斷地冥思其中所蘊含的無上真理。

因為求道是在從事嚴肅的修行事宜，所以靈性的老師要在學生的誠意和熱忱通過考驗之後，才會傳授知識。單純只是具有好奇心，是不足以踏上更高生命層次之途。深深的誠心以及堅定的信心非常重要。能如此發心的求道者的確非常罕有，因此靈性的老師總是會用多種方式來測試學生的誠心。死神閻摩扮演了靈性上師的角色，沒有立刻應允第三個心願，而是要先測試納奇克塔的誠心。

《卡塔奧義書》的故事說，轉世的真理只會保存在像死神閻摩這樣罕有的老師那裡。為了要知曉這個奧祕，求道者必須要確實依照《卡塔奧義書》所描述的道途而行，不論受到什麼誘惑都不可被領入歧途。即使是天界無與倫比的樂境，或是世間最極致的享受，都拉不動他。決心堅定如納奇克塔之人，有一天終究能達到他的目的。世間享樂的本質無常，縱然能活上幾百年也不足惜，因為到頭來還是不免一死。

不同的宗教信仰對信徒死後會得到的果報有不同的描述，例如穆斯林的信徒相信天堂中盡是流泉瀑布、鮮果、美麗的天女、音樂歌舞等等。某些特別的教派相信英雄去到天堂中會和他們的敵人戰鬥，會和凶猛的禽獸戰鬥。所有這些天堂都是心念生出來的境界，而聲稱人的最高欲望在那兒都會得到滿足。

所有的人都是在追尋某些他們認為最美好的事物，然後希望有這麼一個地方存在，那裡可以滿足所有這些欲望。因此，對天堂的渴望所投射出來的那個境界，就是他所尋求天堂之複製品。換言之，**天堂只是我們自己意念和欲望的投射，不會比我們的夢來得更加真實**。它們之所以會顯得真實，是因為它們是我們思想世界的產物。

這個世界是我們造出來的，因為我們是在思想的人。如果我們想像出一個城堡，只要那個想像的喜樂境地持續下去，那個城堡就顯得是真實的，正如同夢境在沒被打斷之前就是真的。某一個「相」，在某些特定的條件之下，在某一個特定的時段中，在它滅失之前，就會顯得是真實的。人在進入了無夢的深沉睡眠境地時，對他而言整個世界都消失了，他對於周遭一切現象都失去知覺。在深沉的睡眠境地中，一切他所牽掛的人及財物都消失了。

因此，在一定前提條件之下，即使夢境也是真實的，天堂境地也是真的。人夢到自己在天堂裡，在夢醒以前，他就把夢境當作真實，當夢境結束以後，種種其他的概念才湧進來。這個世界也就像是一場夢，當我們把感官的門都關上，就能明白世界的確如夢。

每個人的面孔都和其他人不同，同樣地，每個人的心以及每個感受，也都和其他人不同。每個人所見到的東西，都不會和別人所見到的完全一樣。我們也許會見到類似的東西，但絕不是同樣的東西。

人生稍縱即逝。我們應該去求最終極的，去實證那永恆的。我們都有過這樣的經驗，任何一種享受只要時間久了就會變得單調，跟著而來的結果是鬱悶、痛苦等等。所以有什麼值得享受的樂趣，它必然會是短暫的。任何一種持續不停的感官之樂，都不是我們所想要的。一切都是相對的，需要靠比較來顯現。樂趣也同樣需要比較才感受得到。既然要靠比較才能衡量享受，你怎麼能確定你在別的界域中會想要有同樣的享受？如果我們能覺醒過來提升自己，就會明白享樂也如同夢境一般。

如果我們問一般人，他是否會選擇知曉死亡奧祕的真理而捨棄世間的享樂，他的答案應該會是否定的。納奇克塔卻拒絕接受死神閻摩所提供的那些無常的享受，而堅持他只想要知曉死亡的奧祕，其他的一概不要。死亡的奧祕問題對他是最重要的事。納奇克塔說：「噢，死神，請對我透露那個連天神都有疑問的首要真理。除了這個，任何其他的賞賜我都不要。」

納奇克塔的真誠讓死神閻摩覺得非常欣慰。他一心一意要解開死亡神祕的面紗，絕不動搖。任何想要走上瑜伽之道的人，都應該要具備如同納奇克塔一樣決心成功的堅定意志。只要具備同樣的決心抵達最終目的，任何人到頭來都會成功。堅毅的性格非常重要。受好奇心聳動的人應該遠離這條路。具有不屈不撓信心之人會奮鬥再奮鬥，直到達成目的為止。

求道者首先要能堅毅如納奇克塔；其次，要能不被誘惑拉去感官層面或是世間的種種享樂；第三，要能將少年納奇克塔的形象放在眼前，學他一樣藐視所有東西，不在乎任何東西，即使天堂最高的享受都不例外。

譯註

1. 這六項德行（六寶）分別是：止心（śama），制服感官（dama），攝心（uparati），堅忍（titikṣā），堅信心（śraddhā），定心（samādhāna）

第四章／善與樂之分

納奇克塔通過了考驗，死神閻摩認定他是可以傳授的對象，於是對他說：「這世上的事分兩類，一類是善的（śreyas），另一類是樂的（preyas）。這兩類事能在許多方面改變人的靈性。智者選擇善，而無知之人會趨向於樂。」

我們在現今生活的世上有兩條路可走。比較難的一條路能領我們去到最高真理的知識，另一條路看起來非常令人愉快卻是無常的。追求樂之人會錯失最高的真理，而走上善道之人會錯失樂。兩條路不能兼容且彼此排斥。選擇其一，就意味著排除了另外一條。

這個有兩條路的意涵在別處也有提及，例如《蒙達卡奧義書》（*Muṇḍaka Upaniṣad*）是用「勝義（para）知識」和「俗義（apara）知識」來表達，而《伊莎奧義書》（*Īśa Upaniṣad*）則說是「知識之道」（vidyā）和「世俗之道」（avidyā）。在《歌者奧義書》（*Chāndogya Upaniṣad*）裡，那拉達（Nārada）與薩納庫馬拉（Sanatkumāra）的對話中也提出兩條路的觀念，對本我的知識是特別崇高的。

《卡塔奧義書》中所使用的「善」與「樂」這兩個字，標誌著兩個對立的取向，分別走上不同的路途。此處「善」的意思是「至善，光明，解脫」。「樂」的意思是「感官之樂（由財富、妻子、兒女及其他物質對象得來的樂趣）」。每個人都會面臨善和樂，兩者之間的取捨則是個人的選擇。要做出選擇是不可避免的，因為在一般情形之下是不可能同時走兩條道路。如果決定跟隨樂，就不可能跟隨善。

你有選擇的自由，但是一定得承擔選擇所產生的後果。對大多數人而言，所面臨的善和樂是混合在一起的，可是智者就像螞蟻一樣，能將混在沙子裡的糖粒揀出來，能清楚分辨出兩者，會選擇善而捨棄樂。但是，愚人出於貪婪會選擇樂。同樣的道理也反應在耶穌基督不朽的名言：「一個人不能事奉兩個主；不是惡這個，愛那個，就是重這個，輕那個。你們不能又事奉神，又事奉瑪門。」（《馬太福音》6:24）「瑪門」（Mammon）是樂，神是善。人根據自己內在進化的程度，必須在兩者之間做出取捨。耶穌說：「不要為自己在地上積儹財寶；地上有蟲子咬，能鏽壞，也有賊挖窟窿來偷。應該只在天上積儹財寶；天上沒有蟲子咬，不能鏽壞，也沒有賊挖窟窿來偷。」（《馬太福音》6:19-20）會選擇善的人，是能完全明白耶穌這段話的意思之人。

梵文中有兩個字，pravṛtti 和 nivṛtti，也是表徵了這兩條路，指出我們心意（manas）與心地（citta）有兩種非常不同的態度和取向。這兩個字都是從「vṛtti」這個字源引申而來，只是加上了不同的字首。Vṛtti 這個字本身的意思是「漩渦」，暗示著我們心意和心地中思想念頭不停地在打轉。「心意」、意志功能的「布提」（buddhi）、「心地」、自我意識的「我執」，這四個構成了人類身體中的一個叫做「內具」（antaḥkaraṇa）的集合體。它們都是心地中不同的運作功能，會透過腦內負責認知、行動、反應的感官中心，影響到人的想法，以及塑造出人的下意識（saṁskāra，心印）和意識層面的生命。

念頭不僅決定了我們此生有什麼樣的行為，乃至於會有什麼樣的來生，更是那個驅使我們行為的力量。人就像是一頭被栓住的動物，他被栓在自己的心印所形成的下意識的柱子上。念頭是人身體材料的主要來源，是人身所有功能的源頭所在。由於念頭是人這個有機體內最主要的力量，所以一個人內在的進化基本上是取決於心念之優劣。

心念不僅能影響到一個人的心理素質，連生理在很大程度上都受到心念的影響。那就是為什麼這兩個梵文字：**pravṛtti** 和 **nivṛtti**，都強調 **vṛtti** 的重要性，字裡都帶著對人類身心本質深刻的知識。這是古代聖哲們深入探究的結果，知道心念對人類靈性進化是無比的重要。

「願聖潔的念頭從各個方向來到我們這裡！」（**ā no bhadrāḥ kratavo yantu viśvataḥ**）聖哲在《梨俱吠陀》（I.89.1）如此禱告。「願彼全能者賜我們純淨的心智！」（**sa no buddhyā śubhyā saṁyunaktu**）是聖哲在《施維塔希瓦塔拉奧義書》（*Śvetāśvatara Upaniṣad*, III.4）中的呼喚。著名的〈蓋亞曲咒〉（**Gāyatrī**）

就是在向那全能者祈禱，「願彼啟迪我們的智性」（dhio yo naḥ pracodayāt）。

聖哲們對未來人類的永恆貢獻，就在於能導引人祈禱獲取純潔的心智以及聖潔的念頭。這種對人類身心本質深刻的知識，啟發了著名的《瑜伽經》作者帕坦迦利，他說降伏心地中所起的心念波濤就是瑜伽的定義，並且講述了一系列的功法。

我們回到那兩個梵文字。當字首 **pra** 加上 **vṛtti**，成了 **pravṛtti**，意思是「向前流轉」或者「向外轉動」，轉向世俗之物，是為了滿足一己的私欲去獲取、囤積它。另一方面，把字首 **ni** 加上 **vṛtti**，成了 **nivṛtti**，意思是「向內流轉、轉動」，遠離世俗之物，只專注於真正的本我。因此，**pravṛtti**（外逐）代表了追逐世俗的享樂，**nivṛtti**（內覓）代表要捨離世俗欲望。「內覓」意味著求善。所以，這兩個字之中，「外逐」代表了「我、我的」，「內覓」代表了「不是我，而是祢」。人過於外逐，就容易成魔；而盡量內覓，則趨近於聖。不過，對一般人而言，必須要謹慎地在兩者之間取得平衡，這就必然少不了要有純淨智性來伴隨。納奇克塔不是一般人，他斷然拒絕了死神閻摩願意賜給他的所有世間享樂和誘惑，因而終於獲得最高的知識。

智慧的聖哲們在長期仔細分辨之後，發現享樂的人生之途終究是無常。在這個物質世界上，沒有任何的樂能免於伴隨著某種型態的對立面（苦痛）。古代的聖哲所遵循之途，讓他們能遠離樂，也遠離苦。他們所尋求的善，是能帶來源源不絕的幸福。這種幸福是絕對的擁有，不需要仰仗任何世間或是天國的東西而擁有。真正的幸福不用依賴感官或感官的對象。

所以，智者很明顯會選擇善途，而捨棄樂途。對欲望無所牽掛之人，也必然不會牽掛於時時去追逐財富和名利，他隨時都是無所牽掛的。渴求世間的榮耀而忘卻自己人生真正目的之人，會受害於世間之誘惑。

一般人因為被自己本能的欲望和習氣所驅使，所以走的是樂之路途；但是，智者所走的是通往至善之路途。選擇樂的人是被自己的野心和貪婪牽著鼻子走，是活在無明的黑暗中。往往在表面上看來很吸引人的東西，是無法帶領求道者認識本我的。感官的對象永遠無法給求道者任何永恆的東西；在感官的境界中，不會有真正的幸福可言。「樂與善之辨」是《卡塔奧義書》中所一再宣說的主題。

死神閻摩說：「噢，納奇克塔，你已經捨棄所有的樂，對這個世界乃至天國之樂都不在乎。你所捨棄的，是絕大多數人所選擇的妄覺和死亡之路。」

多數人走的是樂之道路，所以無法知曉本我的真實本性。他們對它的真實本性從不關心，從不關心生命的真實面，只相信世上無常的享樂。但是，有少數的幸運者會從夢幻中驚醒，對俗世人生感到厭倦。每個人的靈魂深處都有種嚮往，要尋求那更高的、永恆的。儘管我們被虛幻不實的所迷，我們的靈魂都會經驗到一種內在的渴望，想要知道我們死後究竟會如何。每當這個問題浮現出來，我們平靜的心態就會受到干擾。什麼是真實？在日常中，我們的心每一刻都忙著應對內在所盤踞的千百個念頭。但是，逢到靜默的時刻，逢到悲傷的時候，心會被拉著往內走；在我們忙碌的日子裡，某些至關重要的問題是潛伏在心底，而到了靜默時候，我們就會開始去思索。

不幸事件的打擊常常會引起一個反應，就是靈魂的甦醒。在很多情況之下，災厄往往是人類的良師。我們所遇到的一切紛爭和苦難，長久下來反而是一種助力。它們能喚醒我們內在的我，讓我們睜開心中的眼睛見到狀況的實際面。除了擴大我們的視野之外，它們還能豐富我們的心靈。如果我們從未曾遭遇過任何不幸和苦難，就絕不能學到這俗世人生的真實本質，也不會想到要去追尋更高的善。智者借助於分辨力，認識到這個世界只是一個暫時的遊樂場。一旦他們培養出這種心智上的靈性功能，就會試著遵循古老的瑜伽之道從俗世解脫出來，那也就是納奇克塔所追尋的目標。

還沒有學會認清這個世界真實面目的人，會熱衷地投入世界裡。他們享受著人生種種層面的樂趣。可是當他們發現到享樂的空洞和虛幻本質之後，就會明白到這些不是人生真正目的所在。你要享樂，儘管去，但是也要準備好承受代價。想要有山一般高的享樂，肩膀就會需要擔上山一般大的苦厄。

每當我們跟一般人談起瑜伽之道以及它如何能帶我們去到絕對的善境，他們一定會用不屑和漠然的眼神看著我們。他們覺得自己已經去到人生的頂點，不肯跟隨他們路線的人無疑是偏離了正道。但是，為了絕對的幸福而捨棄世間享樂的智者，卻是滿足而快樂之人。他們心中深信自己不屬於世間。他們逐步證悟到自己的真實本性，整個世界對他們而言成了修行場所，而不是習氣場所；換言之，是靈性的場所，而不是滿足感官的場所。

死神閻摩說：「那些處於無明黑暗中，被財富和物資所迷惑的人，就像是孩童在玩著玩具。如此愚蠢的孩童會墮入死亡的陷阱，會一再、一再為我所擺布。他們會繼續被死亡的陷阱所困，無法越過黑暗境界的限制。他們只是來回不停地在移動。」

已經離世的死者以及仍然活在這世上的未死者，他們之間的區別在於，活在世上的未死者披在身上的外衣是血肉和骨骼，而已經離世的靈魂披著的外衣，是更為微妙的念頭和感覺。後者可以穿透牆壁，但活人就需要有門，那就是我們和離世靈魂之間的不同。可是，他們仍然處於死亡的界域之內，跟我們一樣。

死亡僅僅意味著換下我們身軀這件外衣。認為死亡就是「完全的毀壞」或是「絕對的滅亡」，都是誤解。智者知道，當我們的生命進入轉化，就是生命回復到它基本的狀態。這意味著一來和一去；那就是有生和有死的境界。

「有」不可能來自於「無」。果的背後一定有因。正如同種子內藏有大樹的樹身，我們的出生也是同樣的道理。認為人的生命是父母所創造出來，這種假設是個嚴重的錯誤。父母只是工具，生命用這工具來表達自己。有的人說，是神創造了生命，但即使是神也不能把我們憑空變出來，或是隨意把我們從一個世界送去另一個世界，或是從某一種存在方式變成另一種存在方式。

不知道自己死後會去到何處之人，都是在無明的黑暗中摸索，他們會一再、一再地投胎出生。能夠知道自己這一世之前是在何處之人，也就能知道自己死後會歸向何處。對於尋找自己內在光明，不達目的絕不終止之人，死神會為他們透露此生和此後生命的祕密。納奇克塔為了尋找內在的光明而捨盡無常境界內的苦和樂，終於獲得了至上喜樂。

當求道者進入三摩地，就超越了死亡的境界。他所證悟的是一個超越生死的新境界。證悟到這個最高境地之人，就不再有任何不解之謎。他們會用新的眼睛去看一切事物，以新的觀點去了解。對他們而言，再沒有任何疑惑，因為他們已經得到了智慧的光明。《卡塔奧義書》中的瑜伽非常不容易做到，但是信心如同納奇克塔一樣堅定的人，肯定能抵達目的地。《卡塔奧義書》所教導的不是盲從者之道，而是堅信者（śraddhālu）之道。

第五章／死亡之玄理

被財富和世間野心所迷惑的人，不可知曉死亡的奧祕。如此之人不會去尋求證悟死亡的真實本質，死神閻摩說，他們會一再、一再受他所擺布。他們會再生，然後只會再死，如此不停地生了又死，死了又生。這個循環會一直重複，直到獲得終極解脫。

印度古代的聖哲很早就提出「天堂」的觀念，但是他們和其他宗教不同，不認為天堂是個永恆的境地。除了印度教和佛教，其他宗教相信天堂的概念意味著一種永恆的存在，而且會以同樣的狀態延續下去，無有終止之日。印度教的聖哲們則是相信，天堂或者死後的存在狀態不是靜態的，而是要根據每個人的念頭和行為而定，所以每個人都不同。去到天堂享受天界之樂的人，他們能一直待在那裡，直到各自善行和善念的福報用盡為止。因為善行和善念終究是有極限的，所以他們所能享有的福報也就有限。

根據印度教的哲學，永恆的天堂實際上是說不通的。「永恆」表示沒有開始也沒有結束。根據《吠檀多》哲學理性的說法，天堂在本質上不可能是永恆的，因為凡是會受制於時間、空間、因果關係的東西，必然是無常的，就會滅失。人世間的享樂都受限於時間，它們不能維持永久。天界的享樂和人世的享樂一樣，就算可能延續很長的時間，但是畢竟還是會結束。

只要我們還存有任何沒有滿足的欲望，而且這個欲望在別處無法得到滿足，只有在這個世間才能得到滿足，那麼這個欲望就一定會把我們帶回到此處。這個講法非常合理，應該能被所有的求道者接受。

納奇克塔所問的死亡奧祕，是關於我們生命中那個不朽的部分。所有世間的東西都會敗壞。不過，如果我們能夠由找回自己的本能而獲得真正的知識，就可以分辨出會敗壞的以及永恆的，從而找到通達永恆喜樂之道，那就是生命的目的。「不朽者」指的是不會有任何改變的那個。凡是會在時空內改變的，就是會死去的。想要找到那個永續、不變的，就必須要在時間、空間、因果關係的領域之外去尋找。

我們都受制於變化、死亡、腐朽，因為我們在時間中出生，在空間中生長，又受到因果法則所制約。整個宇宙世界都受制於這個定律，因為它存在於時間、空間、因果關係中。這也是為什麼宇宙世界不停地在變易。

聖哲們找到了不受制於時間、空間，超越因果法則的那個，那就是生命的至善，是這整個宇宙世界的底蘊。這個不朽者，這個喜樂的神性，是死亡所無法觸及。當一個人懂得這個基本真理，知道只有阿特曼是不朽者，其他一切都會滅失，就能解開死亡的奧祕。**死亡不是完全的滅失，它只是一個物理的變化。不變的，是我們內在那個不朽的部分。**

一般人對於不朽的境地不會有什麼興趣。那些仍然沉迷在追逐世俗享受的人，不會有智慧認識到不朽本我。「不朽本我」是我們真正而實在的我。可是有多少人會去注意它，想到它？說來奇怪，「很少人聽過它，更少人認識它」。在尋求證悟不朽的過程中，要有對的老師，也同樣要有對的學生。如此的老師和如此的學生能夠湊在一起是件美事，但是這種機遇是非常罕有的。有本事教授不朽的靈性老師和一般的老師或傳道人必然不同。自己都還沒有證悟的人，自然無法把真理交給他人。

一般的學生心地還沒有淨化，縱然遇上已經開悟的老師來解說，還是無法領會阿特曼的知識。學生在證悟到最高不朽的本質之前，必須要經歷過不同階段的蛻變，而且有生理、心理和心靈的階段。講這個題目的人很多，但是只要簡單地問什麼是真實和非真實的本質，他們就會迷糊了。單靠經書裡的知識，不會認識不朽。你應該要在自己的內在證悟不朽，這個證悟必定是長期無間斷深入禪定三摩地的結果。

要有這個親證的體驗，瑜伽修練是不可或缺的。在三摩地中得到的殊勝體驗，能讓求道者解除對死亡的恐懼。當一個人能實證一己的阿特曼，放下狹隘的身體意識，才能證悟到不朽的本我。對如此之人，死生沒有二樣。他永久安住在神的國度。這個體驗只能得自己經開悟老師的親傳，單靠研讀經書是不足的。

已經開悟了的上師，有法力打開求道者的靈性眼睛，淨化他的情和靈。如果求道者的情、心、智沒有淨化，老師所付出的努力就無法達成預期的效果。一旦求道者能精進不懈，保持靈性熱度，自然能水到渠成走過不同的階段。真誠追尋真理的求道者和普通人絕然不同。普通人熱衷於追逐外在的享受，例如金錢、名譽、地位，成了自己野心的奴隸。但是真正求道者則完全無心追逐這些物質。因為他有誠心、純心、決心，所以要得到真理就不難。

單靠爭辯和討論，無法了解死後的情景。那個絕對的真理，永遠無法用科學方法來證明，因為你無法用感官去觀察、驗證、展示它。我們內在那個不朽的本我，超越了感官所能覺知的範圍。不朽的那個比最微妙的還要微妙。最高真理是無法以科學實驗和邏輯辯證來展現，因為後者有局限性。科學家使用科學方法，無法針對靈魂不朽以及死後生命做出任何結論。有歷史以來，對死後生命的討論就沒停過，但是這些討論也得不出真理，因為那個真理是基於超覺意識而來。活在智力層面之人，由於靈性尚未覺醒，對於靈魂的不朽性就無法得出決定的結論。同時，什麼也無法讓他們信服。但是，尋求真理之人有幸遇到開悟了的靈魂，一旦開始接受教導，結果是驚人的。求道者的疑問自此徹底清除，得到最高智慧成就。

第六章／阿特曼是什麼？

阿特曼極其微妙，比最微妙的還要微妙。比最微細的還要微細。它比原子還要微細。原子能夠存在，靠的就是那個叫做阿特曼的靈性之理，它即是我們生命的本。求道者必須具有一股強烈的願力，才夠資格得到證悟阿特曼的傳授，而這股願力非常不易養成。這股願力必須是自然而然地由我們心底最深處湧上來。有些人自幼即珍視這願力。

死神閻摩對納奇克塔說：「你已經具有那股強烈的願力要實證本我。我試著說服你放棄第三個心願，你可以開口要求任何其他的賞賜，例如天界的歡樂或是人間的享受，但是你完全捨棄了它們。你對任何我可以賞賜你的那些東西都不稀罕。」接著就把真知傳授給納奇克塔。

死神閻摩傳法完成之後，做了一番講述如下：世人的想法和欲望只會有短暫的結果。所有這些欲望以及它們的結果都會滅失。追逐世俗欲望的人會一再回到死亡之域，因為他們的無明還沒消除。能深信世事無常的人，就不會放縱於世俗逸樂。他們非常清楚無論自己的所作所為是善是惡，都只會帶來暫時的結果。即使是有德正直的行為所帶來的果報也不會永續，因為所有這些果報依然囿限於時間、空間之內。有德的行為也許能讓人升到較高的境界，例如祖先、天人、天使所居的境界，但是所有這些境界仍然是無常的。絕對不變的是不可能得自於會滅失的以及暫時性的。我們身心的作為都是無常的，它們怎麼能讓我們實證永恆的真實？想要上升到永恆之域，就必須升越無恆無常的世間。

阿特曼不可以憑感官來覺知。它藏在我們的靈魂內；它住在我們心穴最內裡之處；它深深埋在我們身體這個墓碑內；它極其微妙，非常深奧，是永恆的。在開天地之時已經有它存在，它存在於今日，未來仍然存在。

如果你想要認識這個阿特曼，就需要修練更高階段的瑜伽。經由專注和禪定冥想，你可以進入超絕的境地（三摩地），就可以和那永恆、不朽的面對面。那你就能夠證悟阿特曼，其後就能超脫苦樂和傷悲。能證悟到那個位於心穴之內的阿特曼，就能跳出所有二元和對立。一旦求道者能辨別朽和不朽，他證悟到的就是阿特曼的榮耀。在那裡，死亡無法到來，有著永續的喜和樂。那個是「絕對」的境界，是「無盡」的境界。

那個「絕對」離我們不遠。我們不需要在自己之外搜尋那個絕對的本我。我們一定要在自己內在深處去感覺它。我們需要切穿粗重的層次，再一步步穿過越來越微妙的靈性境地，最終入到我們精神心穴的最深處，在那裡，我們會找到阿特曼的國度。

要做到這件事，學生必須要先增進自己的明辨力。「下決心」和「能投入」是兩個重要的前提條件。求道者有堅定決心（drḍha sankalpa），而且能毫無畏懼地持續修練，有一天終會越過幻境的泥沼，越過所有的痛苦憂傷。

求道者需要持續進行好幾場戰鬥，以突破無明的城堡。城堡最裡面的一道牆，是我執之牆。我執，那自我的意識，非常細微。它是阿特曼所反映出來的，它比起感官、心念、智性還要細微。要是沒有它，大多數人無法去思想任何東西。然而，整個吠檀多哲學的根本，是基於那個超越了我執的神聖、永恆真實。我執必定會受制於變易，但是神聖的本我——阿特曼，是沒有變易和轉化的。肉身、感官的知覺力、心念，不會影響到超越了我執的那個。

那個名為「阿特曼」的不變之理，究竟是什麼？祂是非人之人。雖然祂沒有特定外形，但是又可以為了滿足信徒的需求和祈禱而顯現出任何外形。「梵」（brahman）是宇宙的靈魂。如同我們的靈魂是非人之人，阿特曼在我們的內在也沒有特定的形態。同樣地，宇宙之靈魂的神也沒有特定的形態，然而，祂可以顯現出種種不同的形態。宇宙種種現象只是祂的粗大外形。祂能見到所有眼睛所見，聽到所有耳朵所聽，感受到所有心所感，思想所有心所思想。祂遍及整個宇宙天體。梵是宇宙之靈魂；祂是我們靈魂之靈魂。能用這個觀念去了解「梵」，就能知道「梵」是如何安住在我們之內。

我執的後面是阿特曼，是身體這部馬車的乘客。阿特曼就像是一名旁觀者，無論是粗大的還是細微的、生理的或是心裡的變易，祂都不受任何變易之苦。祂是不死者，而其他任何東西都不免一死。無明之人所恐懼的死亡，是那種一切都成為消失狀態的死亡。他們不知道阿特曼是不朽者，所以對死亡的恐懼是因為自己的無知而有。

《卡塔奧義書》中對瑜伽的恢宏論述，比起任何其他的哲學都要深奧，其後沒有哪個體系能像它一般，完整地探討死亡以及死後的生命。對於死後生命存在的這個觀念沒有信心之人，就無法好好理解《奧義書》的吠檀多哲理。懷疑起自於無知；能知才能除疑，就如同明能除暗。知識的光明能除去無明的蓋紗。只要我們還在無明的黑暗中摸索，對真實本我就一無所知。阿特曼就是那真實不朽的真我、本我。我執是阿特曼的影像，或者說是阿特曼的倒影。求道者想要掌握這個要點，就必須借助於玄理，撥開錯誤的神學理論、教條、主義。

學習吠檀多之人，一開始就應該要對這個主題有個精神上的下手處。他不可以只依靠心識的作用，因為任何落在心識以及智性範圍之內的東西，就不能免於變易，自然也就不是最高層次的。屬於智性概念層面的神，就不會是最高的敬奉對象。如果只是心識和智性所知的神，那就不再是終極的神。根據吠檀多的理論，神是無可限量的。祂是無垠的，是一切智性的根源。阿特曼是我們本我最精髓的部分，是心識和智性所不及。我們只有在越過智性的感覺和知覺，跳出概念和思想之後，才能觸及神。我們不可能憑藉智性的知識見到祂，只有在神性的光中才能見到祂。

阿特曼遍及一切。祂住在所有生靈中。祂啟動一切，從微塵粒到無窮的太陽系。人類是處於進化過程中的頂峰位置；他在內所顯現的神性，比起植物和動物內在所顯現的神性，都來得更加鮮明和生動。只有人才有能力領悟真理。非人類的生靈想要得知萬物皆具神性，想要明白我執是神的倒影，就非得進化到人類的層面不可。這個層面甚至比神祇和天使的層面還高，連他們都想要生而為人，因為不具有人身的話，他們就無法證悟到阿特曼。而人只需要憑藉著心念和行為，就可以成為天人或者神祇。只有人類才有能力體驗到最高的真理，體驗到那個超越心念範圍的絕對。

天人的境界只是個心念的境界，天人所具有的身體是心念所形成，他們沒有肉體的身形。因此，我們生為人類實在應該善加利用這個只有我們才能用得上的獨特機遇。

第七章／

喜樂的不朽者

我們已經見證到納奇克塔對第三個心願堅定不移的意志，死神閻摩對他的熱誠極度欣慰，於是將真實知識傳授給他。

納奇克塔問：「主啊，如果我尚能討您歡心，請慈悲教我，超越了善惡的那個是什麼。在時間——過去、現在、未來——之外的那個是什麼？」

死神閻摩回答道：「我們所有人對於善惡都有一些概念，但是極少人知道超越了善惡而居於中間的那個。所有時代、所有地方的聖哲都試過去發掘，那個超越了冷熱、苦樂、善惡等等所有相對的是什麼。絕對的真實是超越了我們的思想、欲望、行為。」

所謂的絕對，超越了所有的現象和存在。任何我們感官能覺知的，所顯現出來的，是相對的存在，也就是相對於其他存在的存在。我們可以稱它為「有條件的存在」。如果我們仔細檢查自己人生中的任何事件，就會發現它不是絕對獨立存在，而是與某些別的事件有所關聯，它要依緣自己之外的其他東西才能有。

例如，樂受是和苦受相關。如果沒有受過苦的憂，怎麼會享受樂的喜？苦受是樂受的前提。享受只是一種比較。知識也是一樣。它都要靠比較。如果沒有黑暗，就不會有光明。根據吠檀多哲理，這種成對的「有」①叫做「相依有」（vyāvahārika sattā）②。我們在相對的境界中是找不到那個恆有、無變易的絕對。相對的存在就免不了會有變易，它只能在時間和空間中存在；絕對，則是超越了不停變易的相對。

什麼是時間和空間？時間，是存在於兩個念頭之間的那個間隔。我們心中起了一個念頭，跟著又起了一個，那兩個念頭之間的相續就叫做時間。空間意味著並存。譬如，我們覺知到某個東西，同時又想到另一個東西，在心中就同時有這兩個東西。分隔它們的就叫做空間。所以，時間和空間兩者都必須依靠心念因緣而有。這樣分析下去，我們會發現，現象世界裡所有東西都在時間和空間中。當你超越了心念的狀況，就可以跳出時空。只要有時間，就有空間，但是一旦橫渡了時空的境界，我們就來到那無始無終、沒有因緣、絕對的真實。所有現象界中的個體，像是日、月、地球，以及任何我們感官所能覺知到的東西，都有個開始，所以一定就有個結束。

愛因斯坦相對論的論證是，既然這個物質宇宙中所有東西，從極微細的塵粒到巨大的星體，都是以極快的速度在宇宙空間中移動，因此時間和空間都只是相對的。空間在膨脹中的宇宙裡是無法有絕對的量度。愛因斯坦告訴我們，不只是宇宙的形狀和大小是相對的，連時間的概念也是相對的，會依觀測者在空間中的速度而定。我們所謂的「時間」只是一個權宜的度量；真正的時間是一，是不可分割的。無盡期間的概念，就跟我們對於連續時間的概念一樣，只因為方便起見，所以採用了小時、分鐘做為單位。在絕對的時間中是沒有過去和未來，一切都是現在。在時間中，過去在何處終止，未來在何處開始，是無法劃出分割線的。

帕坦迦利對時間的定義是：一個連續中的剎那，每個剎那都是在變易中。但是，對於已經實證圓通無礙遍一切處的人，他心中就不會有這種連續的相，萬事都成為現在，只剩下現在，過去和未來都消失了。時間和空間與物質密不可分，所有物質的集合體就是這個具有四個維度、時空連續體的現象世界。在時間和空間之外，那個絕對是唯一的真實。

納奇克塔問的是超越時間和空間的真實，它沒有過去、現在、未來。死神閻摩回答說，有一個絕對真實，是在襯托現象宇宙世界的背景，是經書中所述說的那個生命的最高目標。這個真實沒有變易，無始，無終，遍及一切。不同的宗教用不同的名字稱呼它，用不同的形狀描述它，但是，大家所指向的都是那個全能、全知，宇宙絕對的真實。所有這些屬性所說的都是那一個無盡的靈體，那就是宇宙的真實。

《吠陀》和世界上所有的經書，尋求的都是同一個目標。它們描述的都是人在努力尋求真實。它們說的是，人對靈性的嚮往，以及用什麼方法可以證實最高的目標。然而，只靠閱讀經書是幫不了你的。求道者必須要將所學到的應用在生活中。研讀經書和機械性地重複持咒這些修行方法，不會帶來什麼好處，只有在修行人如實了解它們的真義，以及全心全意地去求開悟之後，這些方法才會有用。求道者的心要真切，就會過著正直、簡樸、真誠的生活。他所做的一切懺悔、守戒、苦行，都是為了幫助他證悟到這個現象世界本質所在的根本真理。

不同的宗教會用不同的名字稱呼這個絕對的真實。它最顯著的名稱是那個「永恆的字」，它是《奧義書》中重複出現的字眼。這個「字」是我們所有經書的根本，其他的字都是從它衍生而來。這個「永恆的字」在《奧義書》中就是「嗡」（AUM，或者寫成OM）。這個特殊的字是由三個字母組成，是稱呼絕對真實永恆的名字。求道者能持續誦念「嗡」字並且沉思它的意義，就能了知絕對的真實。所有現象的顯現都是由於「嗡」這個永恆名稱的根基而有。

所有的欲望都是由絕對真實那個無垠的源頭所湧現，要滿足一切欲望，就必須要靠知曉絕對真實。人可以藉由世俗的樂趣來滿足自己的欲望，但是如此得來的滿足無法持久，轉眼即逝。肉慾一次又一次生起，它會吊住人心，讓我們不快樂。但是，一旦我們得到了永恆真理的知識，我們的欲望就會依我們接近目標的程度，得到同比例的滿足。

崇拜真理能為我們展露出最高的真理和喜樂。即使是平凡的人也能看出來，他所享受到的樂趣和真正的安詳幸福不同。樂和幸福不同。只要心中還掛記著世上開心和憂慮的事，人就無法去享受最高樂事，也就是神性之樂。凡是有絕對祥和之處，彼處就洋溢著真正的幸福和神性的智慧。這不是個容易到達的境界，但是，一旦嚐過它的滋味就會永遠不忘。求道者所渴求的一切，最終都會得到實現，這所帶來的滿足在本質上是永遠存續的。

唯一在支撐宇宙的，是絕對的真實。人能證悟到宇宙絕對的所在；在永恆真實的體中，他就會變大，變得榮耀遍身。真實的一粒星火落在時間、空間以及自然現象法則的境界中，就顯現為我執、思想者、行為者。我執的真正本質和絕對真實是一，所以，一旦我們明白了什麼才是我們的真正本質，就能證悟宇宙的絕對真理。

譯註

1. 這在佛法中叫做「二法」、「二有」。
2. 相依有：佛法中稱為「因緣有」，是「世俗有」。

第八章／如何證悟真實本我？

我們要如何證悟自己的真實本我？首先，我們必須要知道我們是誰、我們真正是什麼、我們為什麼來到世上、我們會歸向何方，我們的心念和行為會帶來什麼結果。能夠不斷地用這些問題來問自己，能成功解答它們的話，就會知道生命的價值，以及生命中種種的潮流和暗流。

對偉大的靈魂而言，「什麼是本我」和「什麼是真實」，這些問題至關緊要，他不追問的話，心就會不安。但是，普通人就沒時間來追究這些。他忙著追逐虛幻不實的空想，渴求的都是粗俗的物質東西，到頭來終究以失望收場。他自欺是在追尋具有實質的東西，其實他總是在追著影子跑。

那股驅使全人類的動力是對幸福的渴望，但是他們不知道要去哪裡找。只有智者才能夠獲得絕對的幸福。他們明白那永恆的本我才是幸福的象徵。唯有如此的智者，在了知真理之後，就活在永恆的喜樂中，享受人生的每一刻，也唯有他們才能一路引導他人在正確的路途上安全行進。

開悟了的靈魂，在脫下身體的外衣之後，會去到那無限智、愛、喜的居處，安享永久的幸福狀態。真誠發心又能夠為此付出之人，才能得知阿特曼的真實本質。如果對阿特曼的觀念不正確，再怎麼努力也不會得到永久的幸福。一般而言，所有人對自己都有某些模糊的想法，但是那和我們真正的本我沒什麼關係。我們對身體的觀念是模糊的，而靈魂是透過身體來表達自己。

要知道，生命是來自於我們的真實本我，是本我讓生命之能活動起來。身體本身只是死的物質所合成的東西。阿特曼（真實的本我）在身體內，也在身體外和身體分離。身體會衰敗腐爛，但是靈魂不會腐朽。身體在死亡和出生的過程中會經歷種種變化，但是阿特曼完全不受影響。身體的我會感受到苦痛，但是真實的本我是免於紛亂和變易。那些對阿特曼的本質觀念不清，迷失在錯誤觀念中的人，就會感受到苦痛，因為他們以為那個無常的身體以及身體的感受是自己。

智慧的聖哲將他們的心念導向不同的方向。在追尋真理的過程中，他們悟到真實本我的本質是無生、無滅、無朽，而世上所有東西都是無常，是會滅失的。阿特曼是所有知識智慧的永恆源頭，它恆有，與外在的變形隔絕。在這個形態瞬息萬變的世界中，只有一個是不變的，那就是真實本我。

如果我們檢視自己的身體，就會發現身體一直不停地在變易，那就是我們會老化的原因。最終這個老去的身體會滅失。這就是身體消融和沉浸於那不斷再生過程的方式。我們就像個漩渦，外面的東西跑進來，裡面的東西跑出去，它是物質粒子在不停地衝入衝出。我們只會照顧身體上的我，忘記了它只是個漩渦。能不忘這個事實的人，就能夠跟它保持疏遠。

由於無明，我們會把所有的注意力都放在身體的我上面，但是當我們有了明辨的智慧，就會知道阿特曼才是唯一的真實者、不朽者、永恆者。當智慧之眼逐漸對著真理開啟，我們會了知阿特曼乃恆有，是我們永久的所在。

宇宙是永恆的，因此它的法則也是永恆的。最高的法則，那唯一的真理，是它襯托了所有的現象，它是永恆的。我們的真實本我是永恆的，它沒有生或死。即使身體毀滅以後，我們仍然繼續存在。沒有任何東西能毀壞真實本我，因為它不受那些會引起出生、成長和衰退的力量所影響。例如，將一塊木頭燒盡，即使它的形狀毀滅了，形成這塊木頭的物質粒子仍然存在，而且永遠存在。它們永遠不會被毀滅。所改變的，只是木頭的名稱以及它的形狀，它的真實維持不變。身體也是同一個道理。即使在身體死亡和毀滅之後，它的真實維持不變。所以，死神閻摩告訴納奇克塔，當肉身死亡和毀滅了，靈魂會繼續存在。我們會繼續存在於靈界，無庸仰賴這個生理的身體及周遭的現象世界。靈界不是感覺器官所能認知，只有透過靈性直覺才能覺知。

如果屠戮者認為是他在屠戮，如果被屠戮者認為是他被屠戮，他就是對靈魂無知之人。真實本我既不會屠戮也不會被屠戮。阿特曼是毀滅不了的。火不能燃燒它，水不能浸濕它，風不能乾燥它，兵器不能刺穿它。

肉身也許在死後會被焚化，但是靈魂會永久存續。這是《卡塔奧義書》文字要傳達的基本旨意。未開悟的靈魂在死後會在陰界待上一段不確定的期間。他們不能得到解脫，因為他們在世上的時候沒有證悟到自己真正的本我，也因為他們所經歷的是一般人的死亡過程。這種死亡的過程不是一種淨化，而僅僅是改變了種種設定的情況和條件。這種改變可能是痛苦的，結果是去到可悲的境地。但是，如果能夠讓自己不依附於身體感官，能夠如實認識到那個不受身體變易所影響的阿特曼，死亡就絕不痛苦。

在死亡之際，靈魂是把身體這件外衣脫下，就如同我們把髒衣服脫下再換上一件新的。靈魂在利用身體所顯現的形狀，一旦滿足了它的欲望之後，就會拋下舊的身體再進入一個新的肉身。我們會出生為哪一個物種，是高的還是低的，都要根據自己的欲望和習氣而定。

我們必須要記牢，**我們的心念和行為決定了我們的未來，所以我們是自己命運的創造者**。愚人才會以為是神在獎善罰惡，實情是我們自己的心念和行為在獎勵及處罰我們。這是吠檀多生命哲學的中心真理。

真實本我有可能會用不同的名字顯現在不同的身體中，它本身是沒有名字，也沒有形狀的。它比最細微的還要細微，比最巨大的還要巨大。它既在我們之內，也遍及宇宙各處。它居住在心穴之國度內。當我們的心地能夠完全受控，不再被世間的引誘所吸引，加上能得到阿特曼的加持，我們就可以證悟到真實本我。我們在證悟內在阿特曼的真實本質之後，心識和意念得到完全的淨化，就會遠離所有傷悲，災厄、不幸、苦痛都會永遠消失。任何人在證悟自己本我的那一刻起，就能遠離所有的苦和痛。

人是那永恆喜樂之子，孩子自然會繼承父親所有的本質。孩子所需要的，只是成長、培養和開展。從無明的昏睡中醒來，認出你真實喜樂的本質吧！感受那永恆，脫離傷悲和死亡的恐懼。知道並了悟到你是永恆喜樂之子。感覺它，永遠覺知它。人應該要先證悟到自己的真實本我，其餘的自然會水到渠成。死亡的恐懼就像一個計時員，在提醒你要完成在這世上的享受。死亡絕不痛苦。它是個變易，但是自己的真實本性是在變易中不變的那個；**死亡所改變的只是靈魂的外衣。**

人得到了世俗的享受，卻沒有因此給他帶來幸福。物質的東西不會展露出真實本我的本質，因此，智者會捨棄世俗，脫離所有世間的牽繫。當他們完全明白到世俗之物不會帶來幸福，不會讓他們免於死亡的恐懼，斷捨離就變成他們的一件樂事。無明之人以及自我欺騙之人所在乎的，是短暫的世俗享受。被感官對象所吸引、所迷惑的人，都是在愚弄自己。他們要為自己的愚蠢負上責任，因此他們會受苦。所有的苦痛都是由無知（無明）而起，幸福則是起自於知。「知」才能帶來最高的喜樂。

我們應該寧死千遍，也不願鄙俗地活在無知的狀態中。但是，如果能夠得到那個「知」，就足以將人從俗世提升出來，那是何等之幸運。能取得這個人生最終目標，才算是完成了活在這個塵世中的目的。你可以對神禱祈和禮拜，但是所有的祈禱和禮拜都不會有用，除非你能從親身體驗中學到「你所活的這個世界不屬於你，而是屬於神，你只是那全能本我手中的工具」。

很少人懂得在這個世上的生活之道。一個人只要懂得自己來到世上是為了證悟本我，懂得這個世界及其現象都是為了讓自己達到目的的工具，他就能遠離所有傷悲，不再恐懼死亡。求解脫之人應該要在此生誠摯奮進地解脫自己。切勿蹉跎，等到自己已經被葬在墓中，身軀滅失骨骼變為塵土尚有何用。

我們個別化、多樣化的生命所賴以維繫的那個，和現象世界所賴以維繫的，正是同一個。那個就是永恆的真實，是無始無終的。只要我們能夠明白那個永恆的、無盡的、不變的，就是我們智力的源頭，我們就能感受到在多中有個基本的一。個人的我只是永恆的底蘊在存在的現象框架中所顯現出來的。

現象的存在需要三個設定條件，那就是時間、空間、因果關係。在梵文，它們被稱作「摩耶」（māyā）的三個面向。能跳出這三個條件設定之人，就可以發現永恆不滅的阿特曼。但是，這很不容易做到，正因為我們存在，所以受到時間、空間、因果法則這三個限制。任何存在於時間中的東西都不能保持停止不動，因此就不免陷入進化過程中的出生、衰退、死亡。

生和死只是同一個事實的兩個不同的名稱，是一枚銅板的兩個面。心智正常和恍惚，講到底是同一件事。死亡和出生是同一個真實的互補。人只要心中還存有善和惡，就無法超越死亡的領域，但是，一旦他把善和惡兩者都拋開，就能獲得喜樂。人的本質是不朽的。他是無盡的，無始亦無終，是神性喜樂的無邊大洋裡恆在動中的波。

人在能夠捨下這個邪惡所造出來的世界之前，是被一道堅實的圍牆關在自我本位中。在能捨下之前，他絕不能進入天國，過去不能，未來也不能。能夠淨化自己的人，他在一天內能完成的事，是千千萬萬的人用上一百年乃至一千年都不可能完成的。淨化帶來喜樂。人的確和他的本來面目沒有不同，但是他看見的只是他的倒影，絕不是真實的自己。純心、誠心、信心、真心加上時時冥想，能引領求道者去到最高真實，那是死亡到不了的境地。

我們的肉體一定免不了有出生、成長、衰退和死亡，就跟所有其他粗大的物質東西一樣。這是現象世界無可改變的法則。我們不能永遠保有身體的我，它有一天終於會逝去。我們無時無刻不在轉化中，從一個變化中的狀態進入另一個變化中的狀態。生理上而言，前後兩個剎那裡的我就已經不是同一個生物。我們的生理和心理不停地在變。

在這個會變易的領域裡，我們找不到任何不朽的東西，因為凡是有出生和成長的東西，就不可能是不朽的。這是大自然的不變法則。因此，不朽只能在超越時間、空間、因果法則的領域之外才找得到。

古代唯物的思想家經過一番思辨之後，找不到任何不會變易、不會滅失的東西。因此，他們所珍惜的格言是「吃、喝、快樂地過活」，把這當作人生唯一的目標，相信除此之外沒有別的道理。他們也主張沒有不變的存在這種事。他們宣稱，活在這個世上是人能想像出來最快樂之事。他們相信，世上所有東西的確都在不停地變易中，然而，在這個世界以外就沒有別的東西，沒有任何東西是永恆的、不朽的。這種物質的生命觀以及生活方式，完全受限於時間、空間、因果關係的條件設定。秉持這種膚淺理論的懷疑論者以及無神論者，就不可能脫離苦痛和傷悲，無論此世或來世都一樣。

死神閻摩說，我執是一種不變的東西。我執是阿特曼的倒影。阿特曼是不朽的和不變的，因為它祕密深藏在人的胸中，所以極難掌握。要認識阿特曼，我們需要有鋒利的智慧、純淨的心，以及敏銳的分辨力。所有尋求真理之人的目光，都放在最高的目標上。真正的求道者不會對這個會變易的世界之相對性感到滿足。

第九章／覺識①之源頭

尋求真理是宗教的起始點。所有宗教的訴求都是將他們的信徒帶往真理。雖然他們會用不同的名稱和形象來表述它，但主要的目的都是要觸及那不變易的「梵」，那就是人的終極歸宿和最後的目的地。

吠檀多是一種哲學，但也是個活的宗教，是一種人性的宗教。它所關切的是人類生命終極的問題，而且能提出圓滿的解答，使得人心能夠得到幸福、智慧、喜樂（**sat-cit-ānanda**）②。任何人只要出於完全虔誠和純淨的本心，往自己內在搜尋，就能發現這個真理。最極致的抽象概念，就是那個能融合萬物於其內者，它是唯一的絕對，它無所不在。

在宗教的層面，我們是先有符號和形象，其次是神話，最後才是哲學。前兩個的功用是暫時的。哲學是所有一切底部的根基，其他的手段都只是在奮進前往終極目標過程中的墊腳石。書本不能教你什麼是神，但是它能用一種否定的手法，來幫助求道者摧毀無明。求道者有一天會來到一個境地，會需要忘掉所有學過的東西，跳過那些靈性的知識。

如果你獨處靜坐，細細參究你的一己，就能逐漸開始覺知到那個覺識，它就是你的本來。你從孩童時代就稟受了這個覺識，然後從青年到中年，從中年到老年，你根本上一直是同樣的一個人，你所認知到的自己是同樣的一個。不過，這個「同樣」可不是基於物質而來，因為物質在不停地變易中。它也不是在能量中，因為能量也是在變。可是，這神聖的覺識卻完全不會有任何的變易。當然，覺識的狀態是會處於不同的層次。

覺識的源頭永遠是同一個，它不變易，不朽；它是我們智性的源頭。因為有它所散放出來的光，所以你一路都能感到自己的存在；在生命中的任何一刻，你都能完全覺知到你是存在的。是它讓你能知自己的本來和存在。

阿特曼是名見證者，看著世上所有的變化。例如，你靜靜地坐著觀察自己的心念，會發現有一個念頭忽然冒上來。這念頭起了就離開了，但是，隨即又起了另一個扮演不同角色的替代念頭，然後也離開了。

每一個念頭、感受、覺知的到來，有如一個畫面，而你在看著它。所有的貪愛、憎恨、憤怒也是一樣，都一個接著一個起了又消了。但是，你仍舊是同一個見證者，看著所有這些在不斷變易的心相。任何科學的方法都無法確立那個真實——那個見證者，因為科學的觀察和實驗完全是依賴感官的覺受。相反的，那個不停在觀察內在和外在變化的見證者，則是超乎感官覺受、心思、我執的領域範圍。我們用來覺知感官在覺知的那一股力，和感官本身的覺知力以及感官所覺知之對象內在的力，是截然不同的。

科學的準則和觀念無法展現出那個座落我們心胸最深處斗室之內的那個見證者。例如，我手中這條鍊子受到光的照射，你要研究光的話，研究鍊子就幫不到你。同樣的道理，要研究你自己的阿特曼，感官的覺知作用就幫不上忙。感官無法展露出真理，因為只有真理才能展露自己。所有感官的覺知作用，是要靠著那個具有自我意識的我執而展露，例如你身體某一肢因為癱瘓而被截肢，你會感覺到它好像仍然存在。

科學打交道的範圍，只限於感官覺知的層面，它無法解釋本我的奧祕。而科學所窮盡之處，正是哲學發端之處。哲學比起科學，其實更是一門有系統、有組織的學問。科學是針對某一個部分特殊的知識，而哲學則是整體性的全面性知識。它接納了科學不同科系做出來的所有結論，把它們予以統一整合，然後得出一個超出科學範疇的真理。因此，如果我們想要認識內在那個不變的，研究科學種種的不同科系就不會有所幫助。

我們必須要學會的是如何去研究自己。要想找出誰是自己，什麼是自己，就得學習哲學才能得知阿特曼。能認識自己不朽的本質、不朽的真義，才能入到不朽的國度。在仔細學習生命的哲學之後，求道者會發現阿特曼是無始也無終。身體有它的開端和結束，阿特曼就沒有。阿特曼是無生也無死。

因為我們無法想像自己是從什麼時候開始存在，也無法想像我們還不存在的時候，所以就無法想像我們什麼時候會停止存在。覺識是我們固有的本質，它是不死的，也從未出生。無生也無死的那個真實，是超越了開始和消融。這個世上所有的任何一個東西，只要有出生，就一定會經歷到不停地變易，一定會衰退和死亡。植物是由種子所生出來，它成長、衰退、死亡。所以隨著出生，成長、衰退、死亡一定隨者而來。我們的阿特曼從未出生，它沒有成長，也從不會受制於衰退和死亡。我們生命的屬性是完美的。如果我們體認不到這一點，那是因為我們對自己不朽本性的真理缺乏洞悉力。

當一個人能知道且證悟到自己的神性，自己是那絕對的一個部分，是完美的，他就知道自己是不朽喜樂之子。當然，這需要在自己人生中長時間無間斷地習練，需要無窮的耐心，才能認識到阿特曼那無窮盡的潛能。大多數人只會機械式地重覆著那個偉大的真理——我們是神的子女，但不知道它深刻的意義。一旦我們掌握到它的真實意涵，就會趨向於完美。

死神閻摩為納奇克塔解釋說，阿特曼住在人的生命之城內，是無生、無死、不可分割的。它是純智的，所以是一切智性和知識的基礎。我們可能會以為自己是經由對外界的實驗和觀察，從外獲得知識，但知識不可能生自我們之外。一切知識都來自於內在。外在的現象只是個提示，我們在做出回應或反應的時候，是從內在提取知識。只不過有些人的心識無法做出適當的反應，因為他們被無明的黑暗所籠罩。在梵文，這叫做 tamasa，意思是陰沉、愚笨。它有點像是智性鏡面上的一層灰。擦掉它，就能幫求道者達到目標。這層灰不除乾淨，就無法知識阿特曼。

換言之，每個人內在本來具有知識，但是我們得付出一定的努力才能認出它。一旦認出了它，知識就會源源不絕從內在那個所有知識的源頭湧出來，那就是至上的智性，也就是我們所有心念和行為的見證者。它不是從任何別的東西所增生出來，它本身即是神的智性。我們在認識到自己本來的那一刻起，所有的知識都為我們展露，生死的奧祕隨之而解。

一個人的真實面貌，不在於他能展現出什麼，而在於他無法展現出來的。所以，想要如實認識一個人的話，就不要去聽他說些什麼，而要去研究他沒說出來的。我們所說的話，一半是沒有意義的；我們所做的行為，一半也是無意義的。我們內在另外一半，那個一直沒有表示出來的部分，才是應該研究的重點所在。我們內在那個真實的部分是沉默的，而從我們證悟到阿特曼就在我們內在的那一刻起，就能真正為人類做出服務貢獻。我們都是不朽喜樂之子女。

吠檀多認為，那個不變的真實就近在無常變易的宇宙之內。認為「我們會死亡，有苦痛」，這是荒謬的想法，因為我們真的沒有死亡和苦痛。如果我們並非本來已經是不死者，就沒有人可以讓我們成為不死者。

我們藉著那個知識和智性的源頭，才會有認知作用，才能存在，才會行為，它正是我們的真實本我。如果我們真知道了我們的本我，就會知道整個宇宙，就會知道神；我們就會知道神的本質和阿特曼是相同的。

證悟到神的存在，知道我們的本我，這兩者是不可分的。如果神不存在，我們如何會存在？我們必須要在一種覺識的狀態中，才能知道我們的存在。

真實本我不會死。即使在這個身體的我毀滅了之後，真實本我仍然繼續存在。身體的我是種粗大的介質，它潛藏在阿特曼之內。當身體毀滅了，身體精微的本質維持不變。萬法不滅。魔的外形可以摧毀，但是所摧毀的僅僅是名（觀念）和相（形狀）。所以，身體的名和相可以毀滅，但是內在的阿特曼仍然維持不變。人就像是喜樂之洋中的一道波浪。起風時，波浪消失，好像它從未有過；但是，波浪在海洋中的起和伏並不毀滅它的有。人命就是如此被死亡所吹滅。生命的真實在於生命本身，它不始於子宮，不終於墳墓。

生命本身是個存有的連續體，從永恆到永恆。死亡是個啟示者，是名嚮導，是掌火炬者。**死亡是身體的一個慣性，但不是靈魂的慣性**。它為人生中的悲劇畫上完滿的句號。我們主要的問題在於活著的時候就會去想，老是記著過去的事不放。我們不是在思前就是在想後，所以就失去了此刻，失去了那個連結過去和未來之間的黃金一環。能活在當下的人就不受過去和未來所影響，就能不被一切世間的無常所困。當一個人能知這世上所有東西都會朽壞，都免不了變易，才能如實了解這個世界會不斷重複變易的價值何在。

當這個身體的我正在不斷變易並朝著死亡進行中，此時如果我們不能去追尋證悟自己那個崇高的阿特曼，就辜負了此生。除非我們能證悟那不朽的本我，能跳出生死的循環，因而除去所有的不完美，我們就不會有幸福可言。《薄伽梵歌》說得好，「如果殺人者以為是他在殺人，如果被殺者以為他被殺，兩者就都沒有認識到靈魂是既不可能殺，也不可能被殺。」這種獨特的觀念是別處所無的。「靈魂不可磨滅」是吠檀多哲學一個基本的信條。只有在熟悉了《奧義書》中崇高的理念之後，學生才比較容易理解和接受這個原則。

譯註

1. 本書將原文英文 consciousness 中譯為「覺」或者「覺識」，以區別屬於心念、思想、感覺層面的「意識」。
2. sat-cit-ānanda 是「梵」（brahman）的本質。一般會把 sat 譯為「存在」、「有」、「真」；斯瓦米拉瑪在書中把 sat 譯為英文的 happiness。而 cit 一般是譯為「覺」、「意識」；斯瓦米拉瑪把 cit 譯為英文的 wisdom。

第十章／無常世間

每一個人的心頭都住著那不會變易的阿特曼。它是永恆的真理。在你的心頭上去找尋，就會找到它。一旦找到了它，你將不會，也不可能失去真實。你會失去肉身的一己，連帶會失去所有與世間親人的關係，但是你會發現那個存在是真實的、神聖的、永久的。

找到自己阿特曼之人，不會在大地上爬行，而是莊嚴地踏步於大地之上，因為他篤定了知自己傲然擁有那喜樂的永恆。要具有對阿特曼的「知」固然是得來不易，卻是此生唯一真實的目標。這個目標絕對能夠達成，只要你肯發心求它，能專心一志，用純淨的心致力於此。

我們這個塵世中，一切都是如此地膚淺和無常。我們的感官如此誤導，心量如此淺薄，智力如此受限，所以我們仍然無法擺脫世間的一切。然而，眼界已經超越了世間小苦小樂的智者，能見到那世間苦樂之外真理的一切光華。雖然阿特曼是永恆不變易的，但它時時刻刻都在身體上展現自己。任何認識到阿特曼榮光之人，都已經是那喜樂和永生國度中之人，得享永恆的祥和幸福。他已實證一己之阿特曼，成為不死者。

閻摩說：「它（阿特曼）是字語所不及。」雖然所有的經論都聲稱是在展現最高的真理，但這永恆真理無法只靠著學習經論而得。經論至多只能算是試圖在記載至高真理。它們能給的是知見，而不是整體的真實。《吠陀》和《奧義書》，以及世上所有的神聖經典，它們自己無法展露真理。你可以經年累月持續學習經論，但是如此的學習本身無助於求道者證悟真理。或許你能因而知道某個觀念，能見到什麼東西，但是知見不是證悟。

區區字語是無法展現真實的阿特曼。字語只是當我們無法體驗到絕對真實的時候，把我們的思想表達出來。所以怎麼能夠期盼靠字語來接觸真實？思想斷滅之處，就是絕對真實之所在。思想永遠是停留在相對的層面。

思想所連結的是我們的「自我」覺知，或者說我執。如果思想者不存在，就不會有思想。思想只是我執的產物；這個世間的一切都是宇宙心識的思想。譬如日、月、星辰都不是出自於有限心識，而是宇宙心識的思想。所以，世上所有的經典無法如實展露絕對真實的本質。如果單靠學習經論就能證悟真理的話，那些學習經論的人豈不都已經開悟了。

科學的方法能夠帶我們在知識的路途上去到很遙的地方，但終會遇到一條它無法跨過的界線。在絕對真理的領域內，任何智力的臆測都只是在玩弄文字。**要接觸阿特曼就不能用智力，要用到的是一顆已經淨化了的心，裡面充滿了真切之情，以及專一的意念。**

在宇宙進化的過程中，人類所得到的指引叫做理性。當理性能和人最深層的自我對話，他就會知道自己的欲望和思想有何價值，就會知道人生的目的。在開悟的過程裡，理性是一名謹慎的大臣，是皇族的嚮導，是智慧的顧問。理性是黑暗中的光明，但是如果沒有那一「知」的話，理性也無能為力；也就是要「知」什麼是本我（阿特曼）和什麼是非本我（非阿特曼）。**知阿特曼和非阿特曼，是證悟本我的第一步。**除非這個明辨的功能夠強化，什麼都免談。

如果棄置了明辨的功能，什麼真理、善行、正義、愛就起不了作用；這就像是士兵沒有武裝就進入戰場。縱然是飽學之人，如果不能培養出明辨功能而想去領導別人的話，就無異於是盲人在為盲人領路。

明辨之光是求道者人生中恆在的指引。神將這個非凡的功能賜給了人類，所以每個人不但可以用它的光來崇拜神，也可以看見我們內在的各種優缺點。能獲得神賜予此明辨功能者，乃有福之人。《吠陀》中偉大的見道者斷言，唯有賴於純淨的覺識，才有可能知識萬物。

世人營營役役於累積財富、權力、資產，但是這一切對於一位在死亡的時刻到來，意識開始變得渙散之人而言，是沒有任何意義的。在他死後，這一切都會消失，如夢一般。一輩子守財如命的富人，他死後都會帶著那股對金錢的貪念。雖然他離世之後就無法找到任何有如金錢的具體物質，可是他那股熊熊貪念之火仍然在他的內在燃燒，並因為無法把欲望變成具體的實物，他就會感到痛苦。想要享受跳舞之樂，卻又不可能跳舞，這種境地肯定不是樂境。我們該牢記在心，這種不樂之境是由我們自己的欲念所造成。

我們的種種世俗欲念之根深深植在心識的最底層，所以我們即使在死後還要馱負著它們之重。唉！所有的物質，所有我們用來滿足自己欲望的有形事物，都必然只能夠留在這個世間。

大多數人不去思求真實，所以都是在浪費人生寶貴的時間。我們一般都活在對過去和未來的思潮裡。由於愚昧的行為，由於一直在回思已經死去的過去，一直在臆測不確定的未來，我們誤用了當下。由於我們不明白人生除了時間之外別無他物，所以對自己的行為不夠警覺，行事不夠智慧。

不能利用此時去做好準備，以面對將來和死後來生將會發生的情況，就是在親手為自己掘墳的愚人。只有在證悟到本我之後，才能解開此生和來生的神祕。證悟之後，我們這個宇宙世界會顯得猶如一場夢，這個身體猶如一個牢籠。

前面所說的求「知」之途，是聖愛之途。那種不會每日自燃的愛，只是一種習慣，而且會奴役你。真愛要比世間的愛來得高。真愛是聖愛，是對神的愛。每當崇敬神的人開始去愛那至高無上的，聖愛就會開始自己顯現。凡人的愛是聖愛所反映出來的，它透過感官層面而顯現。但是，因為我們的感官層面不完美而扭曲了聖愛，那就是為什麼我們的惑見如此深重，無法分辨什麼是聖愛，什麼是人的情愛或愛執。我們經常混淆兩者，因此帶給自己所有的世間苦厄和傷痛。

凡人的愛和對神的愛非常不同。假如凡人的愛和對神的愛能夠完全一致的話，世上就不會有苦痛，因為每一個人的內在都有著對某個對象的某種愛。當凡人的愛熄滅，能止了，聖愛就能生出永恆的喜樂。

世上萬物都在變易中，我們對它們的愛執也會起變化。當我們把心念從世間萬物那邊抽回來，將它只集中在神，就會了悟到那至高的愛是什麼。如果我們能培養自己去朝思暮想這個愛，就會得到它。只要思慕之心夠真切，就是與神感應道交的途徑，因為如此思慕絕不會落空。

但是，要得到聖愛，必須先要藉由自己的明辨力，去體驗這個無常的世界是由時刻在變易中的名和相所構成。能認識到世界的無常本質之人，就能懂得是什麼法則在掌管無常的生命，一旦學會了這個，世上所有讓人迷戀的事物都會失去它們的價值。當慕求最高真理成為我們生命的原動力，世上那些從物質觀點來衡量的事物再怎麼有價值，都會變得微不足道。

除非我們具有分辨力，能斷捨，能無所牽掛，否則世俗事物總是會把我們往下拉。真能斷捨世俗一切的人，是因為他們明白到親人、朋友、財物，在靈性證悟之途上都是障礙。當斷捨的時刻來到，當決心堅若金石，所有外在的人際關係都會失去它們個別的特殊性，會融入和我們與神的認同中。在這樣的心態境地裡，我們周遭的一切都變得充滿了神性。對於能夠見到萬物的實性即是神性之人，整個物質世界連同它其中所有的人際關係和迷人之處，都會消失無形。於是，這個巨大的塵世人生就變成了一個夢境。

不過，除非我們能醒過來，否則夢境和清醒境都顯得同樣真實。只要我們還陷於無明的夢境中，就很難達到覺醒境地。但是，每個人一生中都會來到一個時刻，會讓他覺得自己一生中所經驗到的一切事物都像夢境一般淡去，只剩下一抹如雲霧的印象。曾經飽受厄運重創的人，更能夠明白到生命中醒夢兩個境地的明顯不同。對於聰明的人，逆境的打擊即是良師益友。順境和愉悅的事物只會讓我們繼續沉迷於美好夢境中，唯有逆境才會讓我們醒覺到根本的真實。

那些不能如實教我們事物真正價值的知識，不能讓我們解脫世俗束縛的知識，就不是真「知」。因為這種知識永遠無法接近真理。知識有很多等級。表現在外的宇宙世界、語言、行為絕不可能比得上我們的本性。阿特曼是我們的終極宅邸，我們的眼睛是它的窗戶，言語是它的信差。由感官得來的知識無法完整地表述它。

能夠引導我們的「知」，是來自那受到明辨智慧所增益的深層意識。如此的「知」才能成為那絕不會誤導我們的忠實伴侶。沒有明辨智慧的幫助就不可能認識到真實，而心識沒有淨化就不可能得到如此的「知」。

除非我們能糾正和淨化自己的心境與思想，就不可能認識到真實。只要對世俗層面的任何東西還有一絲眷戀，就無法登達聖境。如此之人還是被綁在地面。心懷欲念之人必須先讓欲念得到滿足，只有體驗過了才能消解它們。我們來到這個世界就是要在體驗中學習。有充分體驗之人，就不會成為自己欲念的奴隸，不會不停地去追逐新的體驗。

當一個人能夠把自己的心念，從種種世俗的誘惑和沒有節制的欲望轉移導引去證悟本我，才是智慧之人。當我們能深入自己內在，能中正而不偏倚，就會明白到人生不只是一場夢，它是有它的意義，是必須要予以實現，要予以完成的。我們來到這個世界，就是為了要完成這個目的，達成我們的終極目標。能夠默默地去學習自己的目的何在、自己的本我為何，仔細琢磨自己完成了多少、得到了多少，才是知曉人生真正價值之人。

在自己的本我面前，沒有人能藏匿任何事情。我們都是自己的主人翁。我們必須做自己的拯救者來拯救自己。如果任由微不足道的事情分散我們的注意力、干擾內心的平靜，我們就是在讓自己難於知曉那至上的。

那些自心堅如磐石，不為生命中的風雨所動搖之人，才能具有那必備的平衡心態去完成人生的目的。軟弱之人不得進入天國，因為任何一道強風，任何一種激情、欲念、野心，都能擺布他們。唯有具有定力之人，才能不受世間的擾攘喧囂所阻撓，取得最終的勝利。

第十一章／

絕對者與宇宙之關係

宗教的教導本來非常簡單，但是由於我們無知地去遵從被扭曲了的教義和信條，所以把宗教變得極為複雜和惹人反感。「真理」和「愛」是所有宗教的兩個核心教導，每個宗教依據它獨特的視角以及它那個時代的需要，用自己的方式來強調它們。所有宗教基本的道理都是同一個，但是由於受到人心操弄，才使得這些基本道理看起來不同，甚至相互抵觸。

宗教是人與神之間的那個連結關係，只要懂了宗教的這一個方面，宗教

的目的就完成了。大多數人的人生都被蓋在層層的幻想以及迷信之下。真理和愚蠢的人心不相交集。任何人只要有力量跳出迷信，真理就會擁抱他。

學習瑜伽之人的終極目標是三摩地的境界。在三摩地中，個體靈（jīva）和「梵」結合為一。「三摩地」的意思是對神的覺知。能夠覺知真理，落實真理於心念、言語、行為中，是時刻活在神性中之人。三摩地之途上，最大的障礙是人的我執。但是，一旦人能夠拋卻一己的我執，就能證悟到阿特曼是心識和我執後面那個所有智性的源頭。如此之人得到的是永恆的自在解脫。但是，心識時時被世間之物所吸引之人，就會迷失自己的本我而抱著他所鍾愛的我執不放。

對學習瑜伽之人而言，世間一切誘人的東西都是無常的，沒有任何價值可言。世間的享樂眨眼即逝，他從中學到教訓，及時從它們的陷阱中脫身。

他不會將生命浪費於無神論者所主張的論調：「儘管吃、喝，即時行樂。」他不會同意如此膚淺的理念和誘惑。一個人只要還沉浸在無明的黑暗中，就會充滿著欲望和抱負，任何東西對他都有吸引力。但是，在經歷了人生的方方面面之後，他發現以前吸引他的東西現在會讓他感到厭惡。然後他開始去思考什麼事物會高過、勝過以前所經歷過的一切。

絕對的「梵」吞沒了這個無常世界上所有的名和相。在這個世界上，死亡摧毀了一切，但是「梵」，那個終極的，摧毀了死亡。死亡的摧毀者是絕對者「梵」，而這個世界所有東西都是從「梵」所湧現。感官世界和思想世界所有的現象，又都被「梵」所吞沒。絕對者「梵」好像是吃下所有這些東西，而死亡只是調味料。一旦人能放下外在世界，它就失去了誘惑和吸引力。

世上所有感受到的五光十色，都只是我們的心念想像出來的。由於無明，我們看不見世俗事物的真相。那些能把心識由聽覺器官那兒抽回來的人，就聽不見任何音聲，會被籠罩於靜默中；能把心識由觸覺器官那兒抽回來的人，就不會感受到冷熱。這個世界是我們的五種感官所造出來的，一旦把心識從這五種感官處抽回來，我們原本所感覺到、所見到、所觸摸到的世界就會消失。

那些能詳細分析自己種種覺受作用的人，就能跳出虛幻不實的界域；能見到事物本質之人，就能與真實相安共處。但是，那些追逐膚淺偶像和幻影之人，就要付出代價。這些東西對活在表層外相中之人的確有一定的魅力。但是，對於真正發心求道之人，它們只是無用的浮光掠影而已，因為它們既不能洗淨我們的心識，對我們的靈魂也無所增益。

我們的人生及經歷，形成了我們的人格習性。一切我們在這個世界上有過的經歷，在死後就消失了，但是這些經歷會在我們的人格習性中留下它們的印記，即使在肉體粗身死亡後，它們仍然會以微妙身的形態存續。死亡能夠摧毀花朵，但是傷不到種子。以前所經歷過的一切，讓我們積聚了大量各種各樣的印記。這些印記此時跟著我們，將來仍會跟著我們。

每一件快樂或是痛苦的經歷都會在我們心中留下印記，然後這個印記就會在將來引起類似性質的欲望，它又跟著帶來經歷，因而形成無盡的循環。任何人仔細地去檢視自己的人生，應該就能夠發現他人格中存有某些非做不可的衝動。任何過去曾經為自己帶來快感的感官刺激，如果去重複它，此後就會覺得好像無法停止不做它。這正是告訴我們，由心念和行為所形成的性格習氣，比我們的肉體來得更微妙。

我們的性格造就了我們的命運和我們的未來。只要是我們播下的種，我們將來一定得承受它所結的果。這個法則是無法改變的，我們都受它繫縛，被它綁住。我們在人生的每一刻所產生的念頭、所經歷到的事，都受到這個作用和反作用、因和果的法則所控制。這個法則就是：**人要自食其果**。我們每天都在經歷這個法則，整個世界是由它所形成。

想要知道生死的奧祕，就必須先了解這個「業」（karma）的法則。學生一般以為「業」這個字的意思是行為。那並沒有錯，不過業的纜繩中有三條索，最粗的一條是行為，比較細的一條是念頭，最細的一條是欲望。這三條索擰合為一股，形成了強大的業力纜繩。「業」的意思是行為、念頭、欲望。要斬斷強大的業力纜繩，就不只是在於控制和淨化行為而已，還需要除去念頭和欲望。

無私和練達的行為，能除去行為之索；禪定冥想能除去比較細的念頭之索。唯有能認識到本我，才能除去最細的欲望之索。沒做到這個地步之前，人就仍然被業力所困。任何人都避不過業的法則；但是，開悟了的靈魂就不再受到業力的繫縛。

如果能借用瑜伽的修練方法，引導業力來完善自己的靈性，那麼同一個業的法則就能夠幫助求道者集中心念，發現生理和心理中隱藏的力量，領他進入和自己心中神主感應道交的境地，朝著解脫身體桎梏邁進。瑜伽是一把萬能鑰匙，能重新開啟永恆喜樂安和之祕境。到了瑜伽最高的階段，虔誠的求道者無疑能轉化臻至神境。**瑜伽最終的目標，是個體靈與至上本我靈性的結合，因而縱然是業力法則也能超越**。正如同一大堆乾柴遇上烈火被燃燒成灰燼，求道者所有的業和過患都會被知之火燒成灰燼。知，讓求道者得解脫。無私的行為能帶來如此的「知」。**能知阿特曼之人，乃自在無繫縛之人**。

第十二章／

絕對者與我執之間的連結

死神閻摩敘述了絕對者以及它和宇宙之關係後，接著解釋了絕對者和我執之間的連結。他說：「一個（絕對者）像是自發光的太陽，另一個（我執）像是它的影像或是倒影，其間的關係如同光和影。一個像是見證者，而另一個正在吃自己思想和行為的後果。」

我們內在有兩個東西：一個是永恆絕對的本我，不滅的本質；另一個是小我——我執，它是思想者、享受者、受苦者。兩者之間的關係，就是太陽及其倒影之間的關係。絕對者是自燦然，無所礙，無變易。

雲能遮日，然而，日絕不為所礙，絕不為所撓。它不會因為天雨人眼見不到它而覺得受礙。同樣地，絕對本我帶著它所有的光耀嵌在我們的心穴內。那個被籠罩著的真實，那個絕對本質，就是阿特曼。我執只是個影像或是倒影。它必須借助身體和感官才能作用，它能覺知到一切和生理機能有關的活動。我執是思想者或者說是享受者、寄情者，要承受它思想和行為的後果，而阿特曼則一直是如同一名見證者。當人心被憤恨的烏雲所包圍時，那個見證者毫不受影響。我執會想，「我要這個，我有那個，我愛這個」等等。這些念頭和感受在心中起了又滅了，但是絕對真實像太陽一般不受影響。

我執是阿特曼的倒影或影像。沒有太陽，就不會有太陽的倒影；沒有阿特曼，我執就不存在。影像或倒影是因為有了原本的東西才有。例如，你在鏡子裡看到的臉不會憑空而有，是因為你的臉才有。同理，我執的存在離不開阿特曼。死神閻摩用了一個極妙的比方來解釋這個道理，其後柏拉圖也用上了它。在這個妙喻中，阿特曼或者說真實本我被比喻成馬車的乘客。馬車比方身體，智性是車夫，心意是韁繩，感官是馬匹，感官的對象是道路。智性在駕車時，真實本我或阿特曼是坐在後面的見證者，看著智性、心意以及感官在覺知。

死神閻摩的教導是，如果一個人最高的靈和身體、感官、心意結合一致，他就是真正的寄情者。當乘車者和智性、心意、感官之力緊密地攪和在一起，那個狀態就是我執。只要心識、智性和感官之力壓倒一切，此人就是寄情者、思想者、行為者。但是，能跳出心識、智性、我執之領域，因而進入定境之人，就能永遠得自在。身體、心識和智性，只是我執用來經驗什麼以及滿足某些欲望的工具。我們只要還停留在我執的領域中，就必須承受思想和行為的後果，與其掙扎。

每個人心中都有某些重大的疑問，例如出生和再生的目的何在？死亡的意義為何？生命在死後會如何？能正確解答這些重大疑問，就能讓我們認識到死亡的奧祕。

一般人在探索這個最微妙最深奧的題目，時常會迷失方向。經書試圖解釋阿特曼的真實本質，但是我們發現，對這個主題的解讀眾說紛紜、令人困惑。基督徒說，神照著自己的形像創造了人類。這裡所指的不是人類的身形，因為人類的身形不夠完美。如果神真是照著自己的身形創造了人類的身體，那麼神一定也同樣會有種種生理上的限制和不完美。如果人是神的影像，神也一定看起來像人，這種主張是錯誤的。這個觀念原始到離譜的地步。

好好研究吠檀多，就應該能夠得出經書的真義。根據吠檀多，我執是個體靈，個體靈是神的影像。神是遍及一切的靈。神像是太陽，而每一個個體靈就像是太陽在宇宙智性之鏡中反映出來的倒影。沒有所反映的對象，就沒有倒影。如果沒有神靈，個體靈這個倒影也就不存在。如果我們是神的倒影或是影像，多少一定也分到一些神的本質。

根據吠檀多，阿特曼既在我們的內在，也在我們的周圍，不過，我們的肉眼看不見它。主張唯物的人試著用感官的覺知力來認識神，結果當然徒勞無功，於是他們就否認阿特曼的存在。我執就像是一條橋，我們必須要過這條橋才能去到彼岸，去到阿特曼的國度。除了經由我執這條橋，沒有別的方法可以讓我們去到神的界域。因此，要知神，必先知己。我們要得不朽，就必須要跨過我執之橋。

我們可以經由分析和研究一己，來掌握我執的本質。每個人都得自行找到阿特曼的所在，找到它是什麼樣子。活在感官層面之人、被錯誤知見所蒙蔽之人，都無法認識到阿特曼。還在自我癡迷中沉睡之人，是不可能見到前往神性國度的喜悅之道。但是，一旦覺醒之人，能以至誠至純之心意全力以赴，則不難成就。

講回那個馬車與身體的比喻。在這個馬車上，智性是車夫，他負責接收所有好的和壞的念頭。如果車夫不夠小心而且馬匹沒有訓練好，它們可能變得難以控制，會把車拉進溝中。如果車夫不具備控制馬匹的能力，受害的是我執。但是，如果車夫知道正確的行進方向以及正確控制馬匹的方法，就不會有意外。沒有辦法約束自心的人，就不能控制感官，反而被感官控制。要是缺乏嚴格的自制力，感官就占了上風，會拉著車夫往它們喜歡的方向走。不受控的心，就像一隻斷了翅膀的鳥落在激情的河流中，會隨波逐流掉入深邃的悲苦汪洋裡。

所有的蠢事和罪案都是由缺乏自制力的人所犯下的。假如他們肯發揮智性，遏阻自己瘋狂地追逐感官樂趣，就能夠給自己省下那些原本可以避免的苦難。能自律之人就能握緊心意的韁繩，他的心意會毫不懈怠地服從他，有如馬匹會順從老練的車夫。如果一個人抵擋不住世間的誘惑，是因為車夫沒有能夠先做到自律。

那些不能行使明辨力、總是懶散、不夠純潔的人，絕不能達至完美境地，就注定要在不完美的世界中打滾。不能夠時時把意念掛住在自己的本我以及自己的責任上，就無法達至完美。要得完美，第一個前提要件是心地以及感官的淨化。不能自律、沒有明辨力，就不要想能進入天國。能正確理解道德、心理、靈性和物理法則之人，前往天國之途永遠是開放的。

但是，大多數人都少了明辨力。不能行使明辨功能之人，就不能區別對錯。正確的明辨力對於取得世間物質上的成果都非常有用，對於沉思之道就更具有價值。一旦養成了高度的明辨力，純淨和高貴的念頭就會來到我們心中，助我們證悟本我。

要記住，為了要淨化自己的心地和意念，我們應該培養一種習慣去護持聖潔的念頭。任何能夠提升及有益於人類的念頭，任何能讓人無私的念頭，任何能助人養成有意地捨己為人的念頭，都應該當作人生的理念來奉行。

能捨己，就有助於在瑜伽之道上加速前進。越是能捨，就越是能得。當一個人能堅定發願，無論一己如何受損也絕不對任何人行任何不義之舉，他便是走在證悟本我的正道上。

假使我們從孩提之時起就都被訓練成捨己之人，人間早就成為天國了。嫩竹很容易彎曲成形，但是，一旦竹子的節變得厚實了，就難以改變。不幸的是，我們發現如今孩子們所受的教育和薰陶，不是正行與正志，而只注重能有足夠的才智，不惜損人以取得物質上的成就。

學習瑜伽之人，在生活中的每一刻都要用到明辨力和自律。實行捨己，你就會發現自己的境地比一般人有所提升。能戒除自我膨脹之人，才是受眾人景仰之人。正知和自律之途，才是通往隆盛、虔信、靈性之途。

一般人以為所謂的完美就是天堂之類的境地，可以由他享盡所有樂趣而無庸受絲毫之苦。這種荒謬的想法為大多數人所採信。真正的完美所指的是一個「等」①的境地，所有的感官和情欲都被有效地整合受控，因而得以絕對掌控一己。在這個完美的境地中，過去、現在、未來都全盤展現出來。物理世界和心理世界所運行的一切粗細法則，就很容易為我們所理解。我們所有的疑惑到此都得到解決。這個「等」的境地，絕對是其後成就人生最高境地所必須。

自律、捨己、正知——任何具備這三德之人，都可以成就自我證悟。不論是否信神，人就只要具備這些品質，即可達至最高完美境地，完成人生的目的。盲目信神是一種無謂的慰藉，在解脫道上起不了什麼作用。信仰應該要傍隨著對明辨力的正知而來。迷信不僅無助於事，更會妨礙到開悟。唯有被明辨力的正知所燃起的信念才能有助，而且這種信念，一旦有了就永不動搖。

學習吠檀多唯一的目的，就是要證悟本我，順帶關注到我執的種種質性。認識一己本我之人，就能夠進一步悟到那遍及宇宙的一切本我。

主張對立論之人認為，個人、宇宙、神是完全分離的個體，各自獨立存在。他們要認識一己之我，為的只是得到部分的知識，因為他們認為我和宇宙、和神是不同的。這個學派和吠檀多之間有一條巨大的鴻溝。

吠檀多助我們遠遠越過這種分離個體的概念。吠檀多最有用也是最能提升人心的貢獻，是它主張神並非遠在天邊，而是在我人的內在；唯獨因為有神，我人才會存在。這是吠檀多哲學中心精義所在。

譯註

1. 這個「等」（equilibrium）的境地，也就是三摩地境地。

第十三章／

神的國度就在內在

既然知道了神遍及全宇宙，神是賦予我們靈魂生命的那個阿特曼，神是我們生命的生命力，我們就應該在自己的內在而不是外在去尋找神。我們這個有形體的我，只是阿特曼向外所顯現出來的。這個有形體的我會動、會成長、會老化，最後會死亡，阿特曼和它完全不同。

如果我們的眼睛往內看去，就會發現只有阿特曼才是不滅的，而其他所有東西都會滅失。往自己內在找不到祂的話，往外更是絕對找不到祂。

要認識自己，有兩個接觸的方法。一個是往粗大去，一個是由粗大到細微，但第一個接觸法並不實際。《卡塔奧義書》所講述的瑜伽，是求道者要往生命的更深處探尋，去找到那最微妙的阿特曼——就是生命的至善境。

吠檀多哲學是要引導學生去到自己裡面最深處的我。《奧義書》說：「感官超越了身體，心思超越了感官，智性超越了心思，超越了一切的是阿特曼國度。」此處「超越」的意思其實是「在內」。因為阿特曼是最內層的我，求道者應該向內而不是向外去尋阿特曼。

仔細分析我們感官的覺受和心識的境地，能幫我們進入自己生命最深處。但是，在做這個分析之前，求道者應該先開始探究感官的對象以及自己的身體。我們的五個感官是我執接觸外在世界的主要門戶。我們是透過這五個感官之門，接收來自外在世界的振動。這些振動首先被傳送到腦細胞。細胞內的分子發生變化，振動就被我執解讀為感受。接下來，感受形成了感想，然後再經過一連串的心識的加工過程，就轉化成為認知的觀念。這個流程不斷地生起，永無止境。

簡要言之，我們先從外在的對象接收到振動，然後振動變成了某種感受，感受再生出感想，感想最後轉化成為認知觀念。例如，當你去想任何一個東西，你心識中立即就會接收到那一個東西的影像，那就叫做觀念。①

音聲只是空氣的振動，它進入了耳朵，接觸到聽覺的感官，引起聽覺神經將振動傳送到腦細胞，腦細胞產生相應的變化。這些變化生出了感受，感受最後被個體的智性轉化形成觀念。如果心識沒有智性，就不會產生觀念。例如，假設某人的身體失去意識，但是感覺器官仍然完好，空氣的振動會在腦細胞中引起變化，此時縱然內在的智性作用缺席，身體仍然會有感受。當我們推斷感受是由某一個東西所引起的，是因為我們能夠循線追蹤找出引起感受或認知的那個東西。能追蹤的不是感覺器官，而是心識中的智性在發揮作用。

學習吠檀多的時候，我們在每個步驟對每個主題都要既能嚴謹地分析，也要能創造性地整合，因為吠檀多不僅僅是研究本我的學問，也是一套哲學體系。吠檀多是如此敘述它的立場：「比感覺器官更細微的是感受，但心思超越了感受，超越心思的是智性，勝於智性的是宇宙的我執。超越宇宙我執的是那個未顯現的。這是去到終極真實最殊勝的一條路。」

如我們所知，感覺器官是粗重的工具，感受比這些感覺器官來得精細。但另一方面，所感受到的外在世界中那些客體對象，比起我們的感覺器官又要來的粗重。音聲和顏色也不比智性來得精細，因為它們要被智性照見才能展現。

能定性的當然要高過被它所定性的。

比感官精細的是心的意念。意念就意味著注意力。心不注意的話，就算起了感受也不會覺知到感受。例如，你坐在客廳中，見到客廳裡的所有東西，但是如果你的心跑到遠方去了，你就會視而不見，看不見客廳中任何東西。你沒有意識到它們是因為你沒有注意。

能注意，感受才展現出來。不注意，就不會覺知到任何感受的客體對象。然而，僅是注意還是不足以判定所感受的性質，對任何感受都如此。注意可分為主動的和被動的。被動的注意沒有什麼大用。

根據《卡塔奧義書》，**瑜伽的目的之一就在培養主動的注意力**，沒有這種注意力的話，專注和禪定就不可能。唯有能專注的心，才能幫助求道者發掘生命內在的奧祕。不能培養出主動的注意力，心識就無法打開；心識不打開的話，明辨功能就無法強化。

明辨力是一種完全不一樣的功能。能分辨出一個概念和另一個概念的不同，就叫做明辨。這個智性——明辨的功能——是屬於心識的作用。還有一個更高階、更細緻的功能，就是心識中那個「我」的意識。這叫做我執。我執會將自己和各種的感受聯想在一起。人一聽到什麼音聲，便立即將自己和那個感受連起來，那個「我」的感覺就是這麼跟所有的感受、知覺、感覺綁在一起。

因為有我執，所以我們會有苦和樂的感受，而這個特殊的功能比起其他的心識功能都來得更細微、更細緻。當一個人能夠截斷感受和我執之間的連結，對於苦和樂就都會無感。因為如此，習練瑜伽之人可以免除世間的憂苦。他觀自己和這個身體不同，將自己和身體劃分開來，將注意力放在完全不同的東西上。如此苦和樂的感覺就影響不到他。一旦瑜伽士斬斷了自己與感覺器官所起感受之間的連結，外在世界對他而言就不存在。世界唯有當它連結上了我執，才顯得存在。

當瑜伽士到了能把「我」的感覺與外在世界分開，就進入了一個空的境地，而那同一個「我」不再有「我的」、「你的」的感覺，就去到了一個叫做「非智三摩地」（asamprajñāta，也叫「無種三摩地」）的喜樂境地。我們之所以被分割成分離的個體，都是這個叫做我執的「我」的感覺所造成。

每個人的我執就像是一個震央中心，那就是「我」，任何跟這個中心有關的東西就是「我的」，所以我們對於跟我執不是直接有關的東西，通常就不太感興趣。「我」的感覺把我們所有的感受結合起來，塑造出我們對自己的個體感。例如，因為有這個「我」的感覺，所以今日的我們和昨日的我們才是同一個人。

不過，雖然這個我執的「我」的感覺創造出我們的個體感，它並不是最高的真實。「我」的感覺也會生出非我執的感覺。如果你在想，「我是這個」，那也就意味著「我不是那個」。例如，「我是這個身體」就意味著「我不是那本書」。每一個「我」的感覺裡，也都包括了一個「不是我」的感覺，那就是非我執。「我」的感覺（即我執）混合了兩個成分。一個是會變的，另一個是不變的。因此，我執是無常和常的混合體。

無常的成分就是所有現象宇宙世界的根基，是身體以及身體所覺受到外界事物等等的根基所在。它是演化的源頭。宇宙會形成現狀，是因為受到演化之「能」的推動。整個的外在世界只是「力」的展現。當這個「力」沒有展現出任何形狀而保持在不動狀態，它就叫做「能」。

現代科學也把固體物質一步步解析簡化為空洞的原子，再解析成電子粒，然後解析為電磁波，電磁波最終被證明是個「能」的形態，最終只能說是唯心的。

英國物理科學家詹姆斯・金斯爵士（Sir James Jeans），是堪比擬為哲學家的大師，他曾說道：「我們要謹記，在基礎物理學中，已經沒有物的本質之概念，取而代之的是週期波的概念。現代科學經由實驗顯示，物理的世界是個心理現象。難怪物理學最後實際上成為了形而上學，這也就證實了古代聖哲從直覺得來的體認：一切其實都是梵（sarvaṁ hyetad brahma）。」

身體和感覺器官從「能」生出來，靠著「能」而生存，最終又回歸於「能」。這個「能」會演化，它是我們智性的來源。它生出智性、心意、以及感官之「力」，這些都只是「能」表現出來的種種不同的模式和形態。

「能」本身並不具備智性。如果你意識不到「能」，它對你就不存在。只有在它被改變成為一種意識狀態時，它才會具有「力」。例如，油含有「能」。當你燃燒油，它的「能」會生出火以及「力」。所以，「力」只有在意識給它形態時，它才成為「能」的一種形態。

意識有幾種不同的狀態，因此我們也能超越現象世界。如果我們意識不到冷熱，它們對我們而言就不存在。我們之所以能認識到「能」以及「力」，只有在它們以這種或那種形態與我們的意識起了連結才有可能。

我們一定要記住，我們的智性功能並不是「能」的一部分，而是和「能」完全不同的東西。會知道什麼是「能」，什麼不是「能」的那個，置身於混沌的「能」之外的那個，叫做「普如沙」（puruṣa），是至高的本我，是絕對的真實，亦是所有覺識和「能」的源頭。覺識和「能」生出了我執，那個絕對者又是整個本我和宇宙的源頭，也是它們的底蘊。

人與動物的區別，在於動物所有的行為都是受到自然所管控，而人則是受到我執所管控。如果我執淨化了，「我」的意識就能帶領求道者去到本我的覺識。我們要培養的是本我的覺識。培養這個本我的覺識是一門內在的修為。大多數人停留在對身體的意識，所以把身體認作自己。一旦求道者懂了區分「會死的一己」和「不死的一己」，就有了明辨的功能。在《卡塔奧義書》，具備區別真實和非真實的知識，是瑜伽的第一步。

根據吠檀多哲學，最終極的真實叫做「梵」，是宇宙世界最後目的。《吠陀》中提到：「整個宇宙世界由其所生，住於其中，滅時復歸入其內，知其乃真實，其乃汝之真實本我。」如果一個人能夠認識到這個道理，所有其他一切都會為他展現。如實了知一己真實本我之人，就能了知所有的本我，那宇宙的本我。

所有知識都來自那一個源頭，那最高的真實。智性的知識是有限的，而且參雜了我執。所有感官的覺知都不全面，也就不可靠。唯有經由證悟本我，才能發現所有知識的源頭，所以這是人的終極目標。

人們可以從事瑜伽的修練來達到這個目標。瑜伽是個工具，可以用來把一己當作客體對象，來學習真實的本我。瑜伽的修練讓我們有力量從事自省，把智性的光向自己內在照射。一旦心識的「能」向內回攝，就能開始去探索那微妙的世界。唯有如此，才能夠發現永恆的阿特曼，以及阿特曼和終極本我的關係。

譯註

1. 此處似乎與佛學的色、受、想、行、識的認知過程對應，不過原文沒有使用常見的佛學名詞。

第十四章／身體是阿特曼的宮殿

死神閻摩將人的身體比擬為宮殿，住在裡面的國王是阿特曼。感官是門戶；一共有十一扇門，感官之力則是守衛。感官的門戶是我們的兩隻眼、兩隻耳朵、兩個鼻孔、口、肚臍、生殖和排泄器官，最後是梵穴（brahmarandhra，即囪門），那通往「梵」的門戶。我們通常不會覺知這第十一扇門，它只有在進入三摩地跟「梵」交融的境界中才會開啟。它是那「無垠者」之座的所在。

阿特曼是生命之城的國王。國王統領所有的侍從，包括心識、智性、感官覺受①、感官。感官之力如同守門者，當我們接觸到外在客體對象時，是感官之力在接收種種的感受和覺知。然後，這些感受和覺知會被當作供奉呈獻給國王，那生命之城的統治者——阿特曼。

瑜伽士侍奉國王的方式，就是去控制自己的智性、心識、感官。時時都在冥思阿特曼之人，就能融入阿特曼而不再輪迴轉世。但是，去不到這個境地之人就必須要再回來，以滿足他們世俗的欲望。**有些人以為只有在死後的生命中才能得到解脫，但這個觀念是錯的。圓滿和解脫必須就在此處此生達成，不能在此處此生達成之人，死後也辦不到。**因此，求道者必須在冥想上痛下功夫，唯有透過這個途徑，他才能親驗阿特曼。

在《奧義書》中，常用「氣」（prāṇa）②和「風」（vāyu）做為「梵」的象徵。「氣」的意思是「人的先天之能」。人是一個核心，而宇宙是此核心所擴展的。人身中維持生命的那個「氣」，是宇宙擴展的肇因。你在現象世界中所觀察到、發現的任何東西，就是「氣」的顯現。「氣」的學問既重要，又微妙而深奧。所以，《奧義書》中常用到「氣」這個詞來表示「梵」。學習之人可不要被這種比較給弄糊塗了。

「氣」和「風」是一樣的，後者是宇宙生命能的呼吸。「氣」和「阿般那」（apāna）這兩個字，常被用來表示呼吸的吸氣和呼氣。實際上，呼吸是「氣」的載具；有時候，「風」這個字也被用來表示呼吸。「氣」和「風（能）」相同，後者是宇宙生命之「能」的呼吸。個人的呼吸就是宇宙呼吸「風」的具體顯現。身體和身體器官的作用需要依靠「氣」。就像蜜蜂會隨從蜂后離開或回歸蜂巢，心念、言語、感受會隨從「氣」。這些作用需要附著於「氣」，就像輪子的輪幅需要附著於輪轂一樣。一旦沒有了「氣」，生命就中止了。肉身層和意身層之間的生命連結，是要靠「氣」來維持。

「氣」不只是個人的生命之理，它也是宇宙之理。人身所具備的種種自然功能都附著於「氣」，例如呼吸、生命、感覺器官。「氣」是生靈的生命力，無論是在日間或是睡夢中，它從不停止活動。人在深沉睡眠時，感官會進入心識，「氣」之火會繼續監視它們。

「氣」肩負多種不同的功能，有所謂的「五氣」——上行氣（prāṇa）、下行氣（apāna）、周身氣（vyāna）、上升氣（udāna）、平行氣（samāna）。往上移動的空氣是上行氣，下行氣則是往下移動。周身氣像火焰一樣掃遍所有的肢體。譬如弓箭手在拉開一張強弓時，既不吸氣，也不呼氣，此時就是周身氣在維持生命。上升氣在人死亡時領著靈魂離開身體。食物的消化是靠著平行氣。

五個行動的感官（五作根）、五個知覺的感官（五知根）、五氣、心意、布提，這一共十七樣構成了我們的細微身，它會伴隨著靈魂去轉世。粗大身（肉體身）在死亡時會消散，但是細微身會離去。在離世時，身體以及心識中的表面意識層面，會與不朽的部分分離。

心識中的無意識層面，是我們一切功過的貯藏所，就成為了個體靈（jīva）的載具。我們多生以來所累積的心印，會像種子一樣潛伏留存在心中無意識層面的這個貯藏所。細微身和粗大身之間的關係就像是種子和樹，就像種子內含藏了樹的所有質性，無意識心保留了我們前世所有的心印。

根據吠檀多，人的身體分為五個層套（kośa）：肉身（annamaya śarīra）、氣身（prāṇamaya śarīra）、意身（manomaya śarīra）、智身（vijñānamaya śarīra）、樂身（ānandamaya śarīra）。稱它們為層套，是因為它們像是劍鞘套住了劍一樣，把阿特曼給層層套住，一層又一層相疊。肉身是最外一層，而樂身是最內一層。阿特曼和這五個身層是分離的，沒有附著於它們。求道者養成了捨離心態，一步步往內深入探究，最後終能證悟阿特曼。這些身層罩子是人類無明的牢獄，不過，一旦真知來臨，無明的壁壘就會崩塌，有如紙牌搭成的屋舍經不起指觸。

靈魂有三個境——清醒境、夢境、深眠無夢境。靈魂在有對比的世界裡所有的經歷，都包括在這三境中，而阿特曼在它的真實本性中是「圖瑞亞」（turīya），就是第四境，它有如一名旁觀的見證者在默默看著靈魂的三境。在深眠境中，靈魂是倘佯於完全無憂無苦的境地中，但是在圖瑞亞中，它經歷到的是完全沒有任何身層和三境的一己。圖瑞亞這個超意識境，在佛教和印度教的經典中分別被稱為「涅槃」與「三摩地」。

在清醒境中，阿特曼經歷到的是所有生靈寄居的物質世界。它以種種感覺器官為工具。清醒境和夢境之間並沒有真正的不同。在這兩個境中所思議的都是虛妄的真實，對一己的真實本我幾無所知。清醒境和夢境一樣，都是摩耶（māyā）投射出來的幻境，是具有很多層次的世界。我們對清醒境的覺知和對夢境的覺知相似。做夢之人一醒來，他在夢境中所經歷的真實就都被打散，而清醒境中的真實，一入到夢境也同樣消失無蹤。

夢境是做夢者的心理境地，牽涉到他的無意識心。夢境中所經歷的一切，只要夢還沒醒，就都顯得是真實的。一旦從夢中醒來，我們發現這個身體和感官都不曾處於活動狀態，因此知道我們曾在夢中。夢中看來如此真實的事物，都只是我們的心識造出來的心相，不需要用到感官。

在深眠時，當作夢者逐漸進入深沉睡眠境，他就停止做夢。在如此的深沉睡眠中，靈魂和覺識結合為一。《歌者奧義書》稱這個為「**阿特曼的深眠**

（susupta）境地」，也就是說人在睡眠時是去到一己的本我處。《廣林奧義書》（*Bṛhadāraṇyaka Upaniṣad*）和《六問奧義書》（*Praśna Upaniṣad*），也用了同樣的字眼來形容深眠境。在那裡沒有所接觸的對象客體，也沒有在旁觀的意識。但是，這個結合只是表面上的，不同於認識了阿特曼之後才有的真正結合。睡眠者回到清醒境地的意識，就回復了他原本的一己。

在深眠境中，阿特曼是被一層無明的薄幔所蓋住。在那個境地中沒有恐懼，世俗的欲望處於不活動狀態，類似於與阿特曼處於完全交融的境地。人在此時對於內在和外在的世界都失去知覺。處在這個境地中，罪人和聖人都一樣。但是，深眠境和三摩地境（也叫做圖瑞亞）之間有一個巨大的不同。一名傻子進入睡眠，醒來後仍然是傻子，但是進入三摩地超覺境地的求道者，出定後就是智者。三摩地是完全地覺知阿特曼，而睡眠中毫無知覺可言。

在第四境圖瑞亞中，阿特曼是在最明淨的形態，是照明者。得阿特曼光明之故，求道者之黑暗盡除。超意識境是學習瑜伽之人的最高境地。於深眠境中，人無法得知真實。一旦個體靈從摩耶幻境的睡夢中醒來，就能證悟到自己內在的那個「一」。圖瑞亞連客觀的主體以及客體的觀念都不再有了，它遍及這個有對比的宇宙中所有的現象，有如海市蜃樓遍及沙漠。當一個人以冥想和明辨力祛除了無明，就能直入證悟那個與醒、夢、眠三境無交涉的圖瑞亞境。

譯註

1. 感官覺受（sensory perceptions）是感官（佛學中的五根：眼、耳、鼻、舌、身）之覺受作用（佛學中的五境：色、聲、香、味、觸），也叫做「五唯」。
2. 此處的 prāṇa 是先天的「炁」，佛學中常見音譯為「般那」。

第十五章／
轉世說

從遠古到當今，靈魂轉世之說對於東方人一直都有很深的影響。如果我們的視野只限於此生此世的話，那麼人一生中所遭遇的一切吉凶福禍，就很難有一個可以接受的解釋。如果人只知一段生命，他對生命能知多少？

《卡塔奧義書》說，「凡人如穀子般熟了，又如穀子般再冒出來。」但是種子會留下來。**我們生下來都帶著自己的生命藍圖，那是被我們過去的成果所設定，它又決定了我們的將來。**

人是自己命運的設計師。這個論點的信念讓相信轉世說的人接受此生的禍福是自己所招致，也同時給他一個機會，能確保自己有幸福的未來。當他能夠以平等心去接受自己的福報、樂與不樂，就能懷著喜悅和勇氣去面向未來。既然痛苦和憂傷是對過去所作所為的報應，那麼，為了要避免來生的苦難，智者就應該停止再犯下更多的惡行。

在做過某種特別的靈性苦修之後，瑜伽士可以很容易地知道他們的前世。向內探索的冥想之道，是唯一能夠去到內在生命深沉層次的方法。一旦心識的意識層面受到控制之後，求道者仍然需要對付心識的無意識層面。那些能夠入到心識深處隱密部分之人，就能輕易知道自己的前世。有些瑜伽士會刻意避免去談前世的情形；但是當求道者開始向內探索，他必須面對這個事實，因為所有那些原本以種子形態潛伏不動的心印，此時會紛紛浮現出來。

心識是人類行為之驅動者，意識心只是心識的一部分，它是無意識心的傀儡。如果求道者只去研究傀儡，就不會認識那驅動者，即那個隱藏在背後的主要工具。在生命的洪流中，心識就像一座冰山，浮在水面上的一小部分叫做意識心，但是巨大的無意識部分隱藏在水面下。要認識阿特曼以及轉世的真理，求道者必須要好好研究心識中所隱藏的巨大部分；不了解它的話，就不會懂得轉世之說。

轉世的理論無法以現代科學的方法來證明。科學的取向只能把它當作一種或許能成立的關於死後生命之理論。

《奧義書》的聖哲們無法認同永恆待在天堂或地獄中受報應的理論，因為這個理論顯示的是不成比例的因果關係。人生苦短，世上又充滿了誘惑。我們的錯誤行為大多數是因為從小所受的扶養方式不當，以及不理想的環境所造成。只因為區區幾年時間所犯下的錯誤——就算是一生所犯下的錯誤好了——就對靈魂科以永久的處罰，完全不符合比例的理則。

遠古的仙聖是在理性的基礎上，建立了轉世的理論，說明了因為有還未實現的物質欲望，所以人會一再投入一個新的身體。欲望有很多種。有些是用人類的身體來得到滿足，有些是用低於人類的身體，有些要用到高於人類的身體。當某一個人因為不斷地重複轉世，所有的欲望都得到滿足了，而且發現到這個相對的世界是受到因果法則所控制，他就會渴望能夠與「梵」交融。只有「梵」才是無因的。**未完成的欲望是轉世之因。或者，簡單而言，欲望是轉世之母。**

西方的哲學家，例如柏拉圖、畢塔格拉斯、蘇格拉底都相信轉世再生的理論。基督教的《聖經》和瑣羅亞斯德教（Zoroastrian）的經典都沒有明確提及轉世之說。原因是在耶穌基督和瑣羅亞斯德的年代，當時的人普遍相信轉世。這兩位先知留下的經典中，也沒有反駁轉世之說。

有些宗教把主力放在探討往世和來生，有些則是講今生今世。**處理好今生，來生就有保障**。此生能在這個世上塑造出善行的人生，自然就會為來生的行徑指出方向。信或者不信，並不是個重要的考量。

事實是，假如萬能的神是慈悲的，人類的命運又都是由神決定的話，神所創造出來的東西就不應該有任何差異。**平等是絕對者的法則，差異性是人為的**。根據轉世理論，人要為自己此生以及來生負上全責。

人類的身體是要達成解脫生死最好的工具，因為在高於人類生命以及低於人類生命形態的身體中，所經歷到的只是自己過去業行的果報。天使不能逃避業行的果報，動物也不能，因此除非他們能轉世得人身，兩者都無法得到解脫。根據轉世理論，靈魂會依據自己業行所造的功德或過患，不斷地出生又再出生，為的是從其後的每一次轉世能獲得更多、更多的知識，而最終能夠徹底解脫。

轉世理論合乎因果的法則，而因果律又是物理世界的基礎所在。轉世是靈魂不滅必然的結論。轉世是屬於所謂的「勝義諦」（para-vidyā），即較高階的知識。這種知識能掃除個人靈魂的幻象，最終讓它得到解脫。

每一個人會誕生在依自己過去業報所形成的世界中。生命在人世和在天國本質上都是同樣無常，已經了悟這個的人，就會尋求避免無止境地重複生死循環。因此，他們會嚮往「梵世間「（Brahma Loka），那是最高的天界，到此之人永不再轉世。

《卡塔奧義書》的教導，一開始就是在回答靈魂此後的歸處。死神閻摩這位老師回答納奇克塔的提問，先是給了一段靈魂不滅的講述，然後繼續談到轉世。他說：「根據各自的業行和知識，有些靈魂會進入子宮，以便成為具有肉身的有機生命體，有些則是成為無機物。」

《薄伽梵歌》形容死亡是一連串變易的其中一個。「具有身體的本我在這個身體中，經歷了孩童、青年和老年的階段，本我也會進入另一個身體。已經開悟了的靈魂不會受此迷惑。」在下面的語句中更直接提到轉世，「如同人會換下破舊的衣裳換上新衣，具有身體的本我也會換下老舊的身體，進入新的身體。」

當個體靈離開時，跟著離去的是生命之能的「氣」。接著，當「氣」離去時，跟著衰竭的是所有其他的器官。靈魂帶著它特有的意識，會進入某個適合那個意識的身體。跟著它的是知識、業行、過去的經歷。

求道者可能會覺得不解，不過，在仔細分析身心之間的關係之後，他就會明白身體和心識之間的連繫是建立在呼吸上。呼吸系統是「氣」的載具。當吸氣和呼氣作用停止了，就發生所謂的死亡；但是，因為得到細微「氣」之助，所有以前留下來的心印都得以保存。身體的死亡無疑是個變易，但是死亡不會毀滅無意識心和靈魂。瑜伽士對於自己離世的過程會保持完全的覺知。正如同在一根草桿上爬行的水蛭，牠先是固定在身體的一端，當延伸身體到另一邊的盡頭之後，會用另一端吸住固定，然後收縮身體來放掉先前吸住的那一端，本我也是先捨下這個身體，然後再盤據另一個身體的支撐。又如同金匠取少量的金，把它打造成另一個更好的形狀，靈魂也一樣，它丟下這個身體，把另一個身體打造成更好的形態。無論本我要什麼，它就下定決心；無論它決心要什麼，它就朝著去做；無論它做什麼，就會得什麼。

第十六章／

什麼是幻？

人類圖書館中最古老的經書是《吠陀》，而《吠陀》中最古老的部分是《梨俱吠陀》。「摩耶」（幻）① 理論可以追溯到《梨俱吠陀》：「帝釋天（Indra）以摩耶而現諸多身形。」

《梨俱吠陀》提到有兩種經歷系統。一種是有對立的，或者說是多樣性的，那就是我們日常生活中由感覺器官和感受所經歷到的。多樣性是無常而有限的，有開始有結束，它被《吠陀》中的仙聖貶為所有痛苦憂傷的來源。另一個經歷系統是非對立的、不二的，是永續、永恆、不朽的，它就是絕對的真實（sat）、覺識（cit）、喜樂（ānanda），也就是實—覺—喜（satcitānanda）。不二，是靈性進化到達至善。多重現象所具有的任何真實都是幻，但是不二是絕對且不滅的。

《自在奧義書》（*Īśa Upaniṣad*）說：「**真理之面目被一個金色之圓所覆蓋。**」求道者必須要除去覆蓋才能見到真理。那層覆蓋或者布幕，常被稱為「摩耶」。但是我們一定要明白，「梵」或者阿特曼，不是在覆蓋之下尋得，也不是在移除覆蓋之後證得。在摩耶之外，時間就不存在。「梵」也不是肇始宇宙之因，因為「梵」超出了因果法則。

唯有當我們能認清，這個具有時間、空間和因果關係的宇宙之真實面目，其實是非真實的，「梵」對於我們才會成為真實。換言之，只有到了我們能擺脫多重的現象世界之幻覺，「梵」才成為真實。《卡塔奧義書》教我們，聖哲發現這個非真實、不確定的世界無有任何本質的存在。《曼都基亞奧義書》說，一旦證悟了「梵」，心的枷鎖即時開解，所有疑惑一掃而空。

其後為《吠檀多》造論之人，將摩耶理論發展得更加系統化。他們說，若是接受摩耶的概念，也就得接受某些必然的論點，那就是世界非真實，世上的人生充滿了苦痛，所謂解脫就是要走出摩耶。

不二論的吠檀多能成立，是基於承認真理可以由兩個角度來觀察。一個角度是相對的，另一個是絕對的。前者認為時間、空間、因果關係是真實的，因此從這個觀點來看，多重領域就是真實的，善和惡都存在，苦與樂也如此。不過，另一方面，從絕對的觀點來看，這個世界就非真實。認識到絕對的真理之後，就不再有對立的「二」。吠檀多的教導所展示的是究竟真實的「梵」。所有存在的都是「梵」。

持不二論之人，形容創世其實是摩耶的名和相被加諸於「梵」。他們用一個寓言故事來說明。故事說，有一頭幼獅被羊群收養，牠學著跟羊一樣咩叫，一起吃草。有一天，一頭來自森林的獅子撲向幼獅，把牠拖到池塘邊，讓幼獅在水中看見自己的倒影，並且塞了一塊肉入牠的口中。突然間，布幕被揭開了，幼獅發覺自己其實是獅子。

同樣的情形，因為無明，或者說因為摩耶之力，名和相被加諸於「梵」，接著就有了相對的宇宙。由於否定了多重世界的幻相，才認識到真正的真實。「梵」可是一點都不受到加諸於它的幻相觀念所影響。

相對即是摩耶。因為摩耶，讓「一」顯得是「多」，絕對顯得相對，無限顯得有限。摩耶理論承認有多重的真實，但這僅限於從相對的觀點而言，而且它所認同的說法是：相對真實與絕對的關係是無法用言語描述，也無法知曉的。

事實上，「一」與「多」之間沒有關係，因為只有在兩個存在的個體之間才有所謂的關係。然而，「一」與「多」無法以同樣的意義並存。如果任何人想要在多重宇宙和不二的「梵」之間建立起某種關係，這種關係就叫做「摩耶」。海市蜃樓是摩耶，它和沙漠的關係也是摩耶。因為摩耶，人看見繩子以為是蛇，看見海市蜃樓以為是沙漠中的水，把不二、不可分割的「梵」認作多重世界。持吠檀多論的人同意，幻、夢境、清醒境地中的經歷沒有什麼區別；從絕對的觀點而言，它們都同樣非真實。

偉大的不二論者聖者商羯羅，形容摩耶為絕對者之力。它住於「梵」之內，並非獨立存在。「梵」和摩耶之間的關係，可以比擬為火和它的燃燒力。

因為摩耶，多重宇宙才可能顯現，摩耶也讓表象的真實有名和相。另一位著名的不二論者薩達難陀（Yati Sadānanda）對摩耶的定義是：它肯定是某種東西，只是無形的，無法解釋為是有或是沒有，是由三個方面而來（存在的三種質性〔guṇa〕），是知識的對立面。宇宙肯定是存在，不能說它像是兔子長角一樣是虛幻的。從「梵」的相對觀點而言，宇宙看起來是存在的。

摩耶在世界中能起作用，靠的是它既能隱藏又能展現這兩種力。所謂的隱藏力，就如同人在睡眠時觀察者的知覺被摩耶掩蓋了，以至於「梵」的本質似乎是被隱藏起來。相反的，摩耶的展現之力創造出宇宙以及其中所見到的一切，如同人的意識被睡眠所掩蓋時就開始做夢。其實，摩耶的這兩股力是同時在起作用。因此，「梵」和摩耶聯袂時，就被稱為創世者或者投射出宇宙者。摩耶、無知、無明、原物（prakṛti），實際上都是同義詞。「摩耶」一般是表徵著奇異的宇宙幻相，因為摩耶之故，「梵」顯現為宇宙之創造者、護持者及毀滅者。也因為被無明所影響，阿特曼顯現為個體靈。

對於摩耶可以有兩個看法：從宇宙的層面而言，它是「一」；從個體的層面而言，它是「多」。和宇宙之摩耶攸關的是伊希瓦若（Īśvara，有相的「梵」，具人格的神），它的「表象」（upādhi，加諸於其上的限制）是由摩耶所形成。個體的摩耶將個人限制於「我」的意識中，摩耶成為了它的形質。在宇宙和個體兩個層面，摩耶都只是在隱藏「梵」的本質。因此，所被限制的只是外觀上的，並非真實。一旦揚棄了「表象」，以前因為無明的緣故而以為是受限的東西，現在了悟到它原來是無垠的「梵」。

「梵」用摩耶為創世的材料，更明確地說，「梵」是從摩耶中造出宇宙以及宇宙其內的一切。摩耶自己不獨立存在。所以，摩耶是宇宙的「質料因」。但是，「梵」這個純覺識是「動力因」。這個因果之間的關係，經常是用一個蜘蛛和蛛網的比喻來解釋。蜘蛛結網所用的蛛絲，是蜘蛛自身的東西，沒有了蛛絲就無法結網。蜘蛛是個有意識的生物，牠是蛛網的動力因，而蛛絲是質料因。然而，我們一定要記得，「梵」和名相的宇宙之間，不存在我們日常用語的因果關係。

「梵」（或者說阿特曼）的本質是「實—覺—喜」。它住在我們的心中。由於摩耶的緣故，人意識不到自己的真實本我。解脫之道無他，只在認識本我而已。要認識阿特曼就在此時此地，不在死後他方。人若能在此生認識阿特曼，那就是達到了人生真正的目的。若他不在此地認識它，就有大災殃等著他。因此，《奧義書》一再地把認識自己作為證悟本我的前提。

解脫不是要創造什麼東西，只是在了悟那個永恆以來一直存在的，不過此時是隱藏起來的。所有的靈魂本來都是清淨的，無所繫縛。人不知那個藏起來的中心何在，尋不著它，但他們卻一再一再地踏過它。同樣，雖然他們的靈魂日復一日進入「梵」的世界，雖然他們的確在睡眠中融入了「梵」，卻仍然見不到它，因為他們迷失於摩耶的無明中。認識了「梵」之人，即是「梵」。

有欲乃死亡，無欲即解脫。若見全宇宙於一己中，亦見一己遍宇宙中，人即空卻一切所欲。既得一切所欲之源，尚有何可欲？

知「梵」之人並不會去到什麼界域，知者也不會變成什麼和「梵」的本然狀態不同的東西，那個本然就是清淨的阿特曼，即一切之本我。無知者之靈魂無論是進入天國或是回到世間，目的都是要滿足尚未得到滿足的欲望。

有欲之人就會出生，但是無欲之人則不會再生。一旦所有累積在心中的欲望都被清除了，求道者就成為不朽者，能在此生證得「梵」。

知「梵」之人如同由睡中醒來，不再入夢。他如同曾經變盲之人恢復了視力。對本我之知識能讓人從恐懼、欲望和死亡中得到解脫。有一個至上的統治者，它是位於所有生靈內在最深處的本我，它時刻都是醒著的。能在自己的內在感覺到本我的智者，就擁有永恆之幸福。

已經解脫的靈魂成就了大福報境地，就不再有疑，他對阿特曼之知識非僅止於智性之知，而是得自親證親驗，惑業一斷永斷，不重入輪迴。如此之人，是「即生解脫者」（jīvanmukta），對繫縛或解脫不再介意。繫縛和解脫是心識的特徵。由於摩耶的緣故，無明之人以為自己是在繫縛中，才會奮力求解脫。

一日人由睡夢中覺醒，自然不用承受夢中行為之果報，同理，徹悟之人也不用

承受清醒境地中所做行為之果報。此人能於無為中見有為，於有為中見無為，已經超脫行為。他知曉本我非行為者，而是見證者。

商羯羅大師及其追隨者已經很明確地為我們闡釋了摩耶理論。一般人對於不二論哲學高妙的玄理還是無法理解，但是，一旦心識經過培養和訓練，變得細緻而能夠專注於一點，轉化就發生了，心識因而成為解脫的工具。所有經書中的知識，都是為了將求道者由摩耶的羅網中解放出來。

知識和冥想是關鍵所在。徒有知識而不能捨離（vairāgya），則知識對於達至最高境地就沒有什麼用處。求道者應該按部就班地走上控制感官之途。然後，讓心能定於一，他就能做到專注。當專注變得強大，冥想就能帶領學生去到三摩地的門檻。

不能控制感官，不能心定於一，就不可能做到專注和冥想。要做到一心專注，求道者所有的行為，包括行走、觸摸、眼見、耳聽等等，就必須要能受到控制。如果感官仍然在活動，心念被吸引至活動中，那就做不到心定於一。在試著讓心定於一之時，練習者應該要保持身體的絕對靜止。即使思想也要停下來，假如念頭不停地向四方流動，心就無法維持定於一點。種種情緒，包括歡喜、憂傷、沮喪等等，也不要讓它們岔進來。練習者面前不應該有任何會引起情緒反應的事物。心識被情緒的張力所擄獲，就不可能專注。

同樣地，人在飢渴的影響下，心念就無法專注。極度飢餓，吃得過飽，或是保持清醒太久而感到睏倦，人的心念會無法專注。但是，只要對專注有強烈而持久的渴望，這些專注的障礙都一定可以移除。一旦成功做到心念專注，就會生起一股深邃的滿足感。這種來自內在的滿足感，是用其他任何的方法都得不到的。因此，**修行人最需要好好注意的就是讓心能定於一，這是頭等大事**。

在證悟本我之途上，最崇高的收穫莫過於來自神的加持，它能幫助求道人去除內在最深層次的無明。單靠求道者自己的努力無法去除無明（也就是摩耶）。神力的加持要在求道者自己先能安住於圓滿境地中（sadhana-sampatti）才會來到。求道者要依靠誠心、純心、信心、真心，來助他去除摩耶的黑暗，達至阿特曼的國度。

譯註

1. māyā 在佛經中譯音為「摩耶」，應該是今日漢字讀音的「媽亞」，意思是「幻」。

第十七章／宇宙樹①

終極的真實是「一」，超越了所有顯現的名和相。日、月、星辰無法照亮它。所有顯現出來表象的根源，都是同一個真實。我們用一個具體的形象來說明。宇宙可以比擬成一株神聖的菩提樹，名為「不死樹」（aśvattha）②，它是以上下顛倒的形態站立著，根朝上而枝朝下。這株樹的本質是永恆的。根據《吠陀》中仙聖們的觀念，這個宇宙是永恆的。它是由那個無限真實——那個「一」——所形成，最終也會回歸到那同一個真實。

吠檀多的哲理和宗教的理論系統不同，它不認為宇宙是被創造出來的。它提出的理論，主張宇宙是由那個「一」演化而來，「一」是永恆能量的源頭。用「不死樹」來比擬宇宙，我們可以更清楚地理解宇宙演化的概念。正如同我們可以追溯樹的源頭到它的根，現象的宇宙世界演化過程的源頭，是稱為「梵」的無限有。由那個無限的本質，才有了萬物。那永恆能量，我們可以稱之為宇宙之母的，是「原物」（prakṛti），那生生不息的本質。這個能量和無限的真實是不可分的；它不可分割，和真實是合而為一。梵是一切現象唯一的因，是所有智性和意識的無限源頭。

用「不死樹」來說明非常恰當，因為雖然「不死樹」（比喻現象世界）本質上是永恆的，但是它的具體外相卻是無常的。以外相而言，這個世界是不停地在變易中。它所有的名和相都不能免於不停地變化。

我們每天都在成長，也很高興地察覺到這個成長，一時間忘記了我們也在不停地老化。我們不是永遠不變的。不要忘記，那個現象宇宙之樹是不能免於成長和變化。演化就意味著變化。這世界上所有東西都不能免於演化，不可能保持靜止。我們在這個世上所經驗到的一切，例如出生、成長、衰老、死亡，都在不停地進行中，永無止日。每一件所能覺知到的，能見到、聽到、觸摸到、嚐到的東西，都會變化的。

人要是寄情於宇宙中無常的粗糙物質，到頭來一定會徒然傷悲。所以，智者會捨棄粗糙之物，而毫不動搖地專注於宇宙最精微的真實。換言之，能夠實證「不死樹」之根，而不被它的花朵和果實所迷惑之人，就能超越所有無常變易，抵達永生境地。這就是閻摩之所以用「不死樹」比擬宇宙，來說明永生和死亡、永恆和無常的道理。心智被世間種種誘惑所迷之人，就看不見根，看不見這個宇宙世界之無限真實。真正發心的人會發現這個真實，這個「不死樹」之根，最終能進入永生之域。

「樹」這個字的梵文是 vṛkṣa，它是由動詞字根 vraśc（斬斷）演變而來，能被斬成小塊的就是 vṛkṣa。每個人都是他所處世界的中心。如果能斬斷或者斷捨世界，就可以除去感官、覺知、欲望的領域。這個世界的精髓，就是「不死樹」的種子，是那個無法言喻、永恆的「未開顯」（avyakta）。這個種子首先開顯的，是這個宇宙的呼吸者。祂逐漸將自己化現生成為一株樹。樹只是種子所展現的粗大形體。粗大形體會毀滅，而種子並不會隨之毀滅。

宇宙的「自我」首先是由「絕對本體」所化現，然後永恆的能量開始演化，將自己展現成為種種物理現象。根據吠檀多的理論，這個宇宙的「自我」

叫做「金胎藏」（hiranyagarbha），是「安住於金卵內者」。

宇宙的神主展現自己，不需要有任何動機。我們進入深沉睡眠境地時，我們的欲望都潛伏了，我們也沒有任何責任要履行。可是當我們醒來時，所有潛伏的欲望又再度展現出來。因此，當宇宙世界壞滅時，所有的靈魂都入睡進入一個混沌不分的境地，他們的欲望也都保持在潛伏狀態。開始演化就是在喚醒這個潛伏的能量；也就是說，它是宇宙開始運作的起因。因此，凡是大宇宙中有的，必然也存在於小宇宙中。

我們不是生自於無。我們過去曾經存在，現在存在，未來也會存在。當這個粗重身體消散了，其他的東西都保留於潛伏狀態。我們的靈魂會維持全貌，即使在肉身死亡後也不會滅亡、化解、毀壞。死亡其實意味著變易，不是全然的消滅。拿「不死樹」來比喻宇宙的用意，是在表達人生是個過渡，必然受制於無常；宇宙內萬物都會成為過去。

《吠陀》主張，神主是依據前一個循環中所存在的式樣，造出了日、月、星辰。到了宇宙壞滅的時候，構成它的一切形貌和觀念都會消失，但是真實會永遠存在。整個宇宙壞滅了，就會回溯到它最精微的形態，那就是永恆；只有它的粗顯形態才是無常的。閻摩對宇宙樹本質的解釋，完美地回答了少年求道者納奇克塔的提問。

閻摩進一步描述了這個現象的宇宙樹之起因。這個宇宙中所有的有情和無情之物，都是因為氣（prāṇa）的振動而來。這個氣的振動是所有宇宙現象之根，是宇宙中一切事件發生之主因。氣是宇宙生命之理；是它使得我們成為生靈；是它才產生了振動。沒有振動和動態，就不會有這個世界。

現代科學發現，這世上所有東西都只是某種振動的產物，振動驅動了原子之間相互的引力。火和電只是振動的不同狀態。當原子和分子朝著某一個方向振動，就產生了電。所有外在感受到的，例如顏色、音聲、香氣、味道、觸受，都只是振動。我們的心智功能是振動的結果。當我們分析一種受覺，就會發現恆常以某種方式振動的光線接觸到視網膜，會產生一個倒轉的影像，這與照相機的原理相同。瞳孔就像是鏡頭，視網膜就像是會產生影像的感光板。那個影像令視覺神經產生了某種振動，然後經由神經系統傳導到腦細胞，腦細胞因而產生另一種振動。同理，我們的呼吸、心肺功能，令所有的器官起作用，所以我們能消化，血液能循環。我們能活著，是因為在氣的無量領域內，每一個部分都不停地在振動。

只要我們還活在無明的黑暗中，就會有「我的」、「你的」念頭。然而，我們只是一團振動，是無限宇宙氣的一個能量單位。智者絕不會生起「我」和「我的」的感覺。在這個氣的振動所形成的世界，沒有所謂得或失這回事。即使我們所占用的這個身體，它的種種行為、內在不停此起彼落的種種反應，也不屬於我們。

凡人會為他們的所失而傷悲，智者卻不為所動。他知道任何自己占用的東西不會永遠為他所占，所以對不屬於他的東西就不應該主張擁有。明白了這個道理，他不會因為失去任何東西而感傷。他知道在這個宇宙中一無所失。他發現沒有理由去痛苦和傷悲，因為儘管身體會滅失，阿特曼絕不會毀壞。

宇宙的能量從永恆到永恆都是存在的。日、月、星辰以及宇宙中所有其他東西，都從這個能量生出，最終也都將回歸到同一個永恆的源頭。這個宇宙中所存在、所生起的萬事萬物，都是動態和振動所產生的結果，引起動態和振動的因則是宇宙的氣，而它自有它的法則。當它在我們內在世界顯現時，它生出了思想、欲望、情緒。因此，氣是宇宙的生命所繫。這個氣，這個能量，最初所顯現的，是「空大」（ākāśa），由「空大」逐漸形成了這個宇宙。宇宙、日、月、星辰能夠和諧運作，是因為宇宙中萬物都來自於同一個源頭，也就是氣。

智性和生命是同時俱有的。凡是有生命之處，就會顯現某種智性。根據吠檀多的理論，這個宇宙中沒有所謂死的東西。這個宇宙是個活的有機體。電子和質子含有動能；它們是活的。只要有任何的動能，就是生命的顯現，因此整個宇宙是個活體。如果宇宙有生命，就必定有智性。氣是在宇宙神聖的心中呼吸的那股宇宙之力，是一切力的終極之母。這個氣是一切演化過程的起因。如同一粒種子內含有生長之力，宇宙的種子也蘊含了生命力，是處於潛伏狀態的生長和演化力量。一旦它開始展現，宇宙的演化就開始了，宇宙「不死樹」的顯相就此開展。而人類是這個演化中最精緻的產品。

閻摩解釋道，這個現象世界中所有的東西，都只是氣的振動所顯現。根據《梨俱吠陀》，宇宙之力在演化開始之前已經有了：「在創世開始之前，既沒有存在，也沒有不存在。沒有空間，也沒有時間。黑暗統治著黑暗。既沒有死，也沒有不死。有一個永恆之靈在呼吸但卻無呼吸。」這個「無呼吸之靈」應該被理解為是宇宙的能量，由它生起呼吸，引起動態和器官的運作。由那一個巨能，自然界所有的能量霎時突顯出來。宇宙就是那個宇宙底蘊者的顯相。

我們都因為那個氣之力而有。外在客觀世界只是半個宇宙。我們五官所感受到的不是個完整的世界。另一半包括了我們的心識、念頭、情緒，就不能用對外在對象的感受來解釋。例如，我們想試著找出是什麼在主導我們消化食物，最後我們必須會承認有某個獨立的智性在驅動這個過程。如果沒有這個內在的智性幫忙，消化的機械過程就不能作用。這個智性是我們內在的本我，是它擁有氣，那個生命力。真正活著的是這個本我，是它藉助那個力讓一切起作用。

因為有氣之力，再有演化的推動力，於是有了內在和外在世界。世界的本性是永恆的，但它的外形卻不是。當宇宙所有的形體都毀滅了，那個無形的本質——宇宙的母性能量——會從永恆活到永恆。這個宇宙中的萬物都會順從於同一個母性能量。「永恆的宇宙生命乃一大可畏。日、月、星辰都服從她，服從氣的法則。懂得這個真理的人終能實證大本我，超越死亡，成為不死者。」如果有人能懂得那個所有星體都要聽從她的命令而運行的無限之力，能懂得她的法則，即那個管轄我們的法則，那麼他就已經知曉宇宙的一切。

只要我們還是陷於無明，還是以為我們就是這個身體以及身體粗大和細微的形態，我們就會懼怕死亡，受死亡所左右。但是，能明白到自己本是無形體的，就能超越死亡，成為不死者。

修證之途上最大的障礙，就是對這個身體的不捨，對世間外物的不捨。這種不捨使我們成為奴隸。我們被剪了翅膀，就無法飛升超脫翱翔於至上的梵之無窮空間中。因為我們對感官對象的不捨，所以會經驗到對死亡和有所失的恐懼。一旦證得永生的無形之梵，何來死亡和有所失？

閻摩在描述了梵的永恆本質之後，說了一個美麗的景象：「出於對梵之敬畏，火會散發熱和光，太陽會照射，雲會降雨，風會吹拂，死亡會四處游弋。」③

實際上，火、太陽、風和雨都是遵從氣的法則，它們都是那個受永恆法則所管轄之力的產物。如果能在這個肉身壞滅之前，明瞭那個永恆的無限源頭，就能登達終極目的而成為不死者。如閻摩所說：「能證悟到是宇宙之氣在掌管宇宙萬物，就能得自在，由死亡的虎口中解脫出來。」

譯註

1. 本章的標題是「宇宙樹」，因為是以樹象徵宇宙世界，有時也被稱為「世界樹」，但是在文中則是以「不死樹」稱之。
2. 這也就是「菩提樹」，而這「不死」樹之梵文 aśvattha，另一個矛盾的意義是「沒有明日」之樹，以表示無常。
3. 《卡塔奧義書》2.3.3 的原文是：「以佈畏他之故，火會燃燒，以佈畏之故，太陽會發出熱；以佈畏之故，天帝、風以及第五死亡，都各司其職。」按：此處列出火、太陽、天帝、風以及死亡，一共五者，因為敬畏梵而各司其職。

第十八章／

解脫就在此時此地

死神閻摩說：「能在此生的身體之我散滅以前，證悟到絕對的『梵』，此人即得不死；而沒有能夠證悟最高真理，那真實本我就會再度回到這個世間。」因為我們不知道自己是否有機會能再度生而為人，需要在此生證悟阿特曼（或真實本我）。人身是創世中最微妙者。不能好好善加利用這個人身的人，就會繼續受到業力法則——因果法則——的束縛，也就無法跳出把我們綁在這個世界的法則。

要證得「梵」只有在此世此生才有可能，而不是在死後。已經證悟了真實本我之人，就成為不死者。我們能在鏡中清楚見到自己的面目，同樣地，我們也能在經過培養和淨化了的智性之鏡中，見到自己的真實本我。既然來到這個世上得到人身，我們就有責任去證悟最高本我。有些人相信，他們死後能夠在離世的靈魂界域中去證悟真實本我，但他們將會面臨幻滅的慘境。種種的天界之樂，會阻礙靈魂證悟阿特曼。何況即使在天界中也有不同的界域，有高低之分。

多做善行，正直無私地過活，在此生成就了某種圓滿之人，是可以在天界最高之界域中，清晰見到神聖的本我。但智者說過，「唯有在此生，才有可能成就最高的證得、徹悟本我。」例如，在祖先界（pitṛloka）、光天界（svargaloka）等天界中，無法為我們展示最高真理。我們在祖先界會和先祖或是親人相會；在光天界，我們會有諸多享樂。但是，我們去到這些界域並不能得到解脫。我們對證悟的祈望是不斷地往更高的境地去，除非達至最高的目的，這種祈望絕不停止。一旦人能分辨出無常的事物和真實本我之不同，這些不究竟的界域和其中的喜樂，就絕不會令他滿足。

世俗的享樂和企圖心從來沒有令人真正滿足過。我們擁有的越多，就會想要得到更多，永無止境。企圖心引起不滿，它從來就沒給人帶來幸福。智者明白，人生的目標是要認識自己不朽的本我。身體和心識都必然會變易，只有真理才能永續不變。能證悟到自己真實本我之人，就成為不朽者，他已征服所有對死亡的恐懼。

對死亡的恐懼源自於無明，源自於對身體和身體所屬的不捨。我們不捨的程度越深，我們的恐懼感就越大，因為我們會想到失去這一切。然而，智者能永遠無懼。他無懼是因為他沒有身外之物，連身體也視之如無盡大洋中的一個泡沫。

我們的真實本我則不同。它高尚且永恆。能在此身中悟到真理之人，即能證得本我。那些不能在此身散滅之前證悟阿特曼不朽本質的人，就失去了生而為人的良機。真正的求道者對於世俗的事物和富貴一無所求。他能犧牲世俗享樂，將心識由世俗事物中抽回，所以能證悟自己的真實本我。對世俗事物不會戀戀不捨之人，是聖人。他知道自己是不朽喜樂之子，不受世俗的束縛。能悟到這個道理的人，就能在此生登於聖境。死神閻摩在《卡塔奧義書》中所宣說的真理即是：**本我阿特曼超越了所有心理和物理的限制**。

根據《奧義書》，心識優於感官，智性優於心識，而金胎藏（hiranyagarbha）那個宇宙之本我更優於智性。明白了這個，人就能斬斷生死的惡性循環，成就不朽。如果我們能將自己的真實本我與感官覺受和心識作用劃分開來，就能認出本我是永恆不易的。所有的痛苦憂傷以及喜樂欣悅，不是屬於感官層次，就是心識的層次。智者絕不受到身體、感官、心識的變易所影響。但是，沒有知識和明辨力之人，就停留在感官和心識的層面，誤把非本我的認作真實本我。智者由於他的明辨功能，知道世上之物都屬短暫無常，能存續的只有自己的本我。

我們的真實本我——阿特曼，不朽本質——深藏在生理、心理的，粗大、細微種種不同的身層之下。不具備明辨力之人，無法分辨粗大與細微、非本我與本我之不同。能分辨苦與樂、愛與恨，以及其他此類心識作用的那個功能，叫做智性（buddhi，音譯為「布提」）。智性有如一面鏡子，它所反映的是所有感官之感受，以及心識中所有的念頭和覺知。心識和智性是兩個不同的力。心識搜集了所有的欲望和情緒，不同於具有明辨功能的智性。智性是分辨和比較一物與另一物之力。

人類的智性是宇宙智性（或者說宇宙我執）的一部分。宇宙的我執叫做金胎藏，也就是有相之神（Saguṇa Īśvara）。「梵」超越了宇宙我執，所以要證悟「梵」，就要能越過金胎藏。那個超越宇宙我執之上的，是混沌無別的能量；它生出智性，是一切之母。自然所有的能和力，在那個混沌的境地都是潛勢，就如同能量在木柴中是以潛勢的形態存在。木柴只有在燃燒時才會冒出火焰，那股會展現為火的能量本來已經在木柴中，但只是處於潛勢的形態。同樣地，當宇宙收束進入它初始的能量，就保持為一種潛勢。

太陽、月亮、星星所散發出來的巨大能量，在宇宙演化開始之前是一個處於潛伏狀態的能源體。電力是取自於大氣層，被儲藏在一個發電所內，再輸送到各個地方。即使如此，它終究還是要回到它原始的來處——大氣層。它的電力絕不會滅失。同理，在進化過程中沒有得失可言。所有東西都被保存下來。

從個人的觀點看來，我們可能會以為某一個現象的發生就伴有得或失，正如同木柴被點燃後就會失去它的能量。不過從整體的觀點看來，我們會發現並沒有失去或得到任何東西。事實上，宇宙不會失去任何它已有的東西，它也不會得到任何新東西。

我們越是深入了悟宇宙之壯麗以及其背後之永恆真理，就越少會為得失而操心。即使全人類都被毀滅了，從形而上學的觀點而言，並沒有東西被毀滅。

明瞭永恆真理以及進化過程之人，絕不會為喪失至親而憂傷。我們在日常生活中遭受打擊和傷害，我們喪失至親近、至愛戴的人，這些都是自然在為我們施教。自然是在諄諄不息地告訴我們，不要有所不捨，因為這個世間所有東西都屬於她。她說：「醒來，不要把不屬於你的當作你的。」

超越了那混沌無別的能量，就是絕對的「梵」——我們的真實本我。那些能夠超越感官、心識、智性、我執界域之人，就能進入不朽本我的國度。遠古時代偉大的思想家，淨化了他們的情識和心識，於三摩地的境界中證悟到最高的本我。他們所經歷到的，具有普世的價值。他們幫助求道者跳出世間俗務，進入阿特曼無盡喜樂之居處。

見道者在三摩地中證悟到究竟真實。在那個超覺境界中，一切都為他們而啟示。這個境界超越了智性的思議功能。由邏輯思維得來的真理不能稱之為啟示。啟示是由三摩地的超覺境界所發出。《奧義書》的見道者先證悟到真理，然後才尋求邏輯來幫他們解釋所得到的啟示，讓普通人能夠理解。

死神閻摩說：「感官無法覺知到真實本我，因為感官無法展示它。真實本我無法用眼睛面對面見到；感官、心識和智性去不到那裡。它無法以任何感官來覺知，只有淨化了的心識和情識，才能證悟它。」當內在本性中的雜質都被淨化了，清淨的心識和情識就能領著智性一瞥阿特曼的真貌。一瞥過後，智性和我執都會得到轉化。它們轉型進入到神性之喜悅中。這是可以經由密集的修行（也就是瑜伽修練）而做到。

轉型的徵兆是：對於身體和世俗欲望完全沒有戀戀不捨。瑜伽士要時時奮力掙脫不捨和欲望。他放棄所有世俗之享樂，脫離生活中所有外在的拘絆。

當他實證到三摩地之福境，而且他的我執轉化進入到神性喜悅中，阿特曼的榮光就會照耀他內在的世界。阿特曼的莊嚴會降臨個體一己之視野，因為有此神聖之一瞥，瑜伽士進入不朽之喜樂界域，得終極解脫。那些已經超脫了所有世間無常法則之人，不會被任何事物所攔阻，因而能證入人生的終極目的。如此徹悟的聖者能夠教導我們如何獲致終極的目的。

死神閻摩描述了在如何的境界中可以進入不朽之界域以及證悟阿特曼，他說：「當所有感覺功能都從感覺器官抽回，都靜默了，當心識靜止了且不再起干擾的念頭，在那個境界中，就能實證阿特曼的光耀，喜悅降臨。」那就是三摩地境界。它不是死亡境界。它是全然的平等合一，超越了世俗的身心界域。激烈的暴風雨過後，強烈的寧靜壓倒一切。同樣地，在瑜伽修練或者說心靈苦行之後，寧靜充斥於內在，開悟的耀眼陽光終於到來。

死神閻摩繼續講述如何證得最高的三摩地境界，他說：「三摩地境界，或者說證悟境界，可以經由瑜伽的修練方式而得。」瑜伽是專注和禪定的方法與過程。瑜伽是自制。由於把心念由外界事物抽回來，以及做到自我節制，因而讓心識處於寂靜、持平的境界，如此之人就成了瑜伽士。修練瑜伽的法門要能堅強，也要有意志力，來控制住感官、激情和欲望。如果一個人乏人指導，修練瑜伽之心也不夠切實，是無法做到這種自制。

求道人能夠做到持平，讓他的智性、心識、感官保持受控，讓心念、情感、行為處於和諧狀態，就能做到捨心的最高境界。自制並不是說讓求道人變成木石一般；它的意思只是要把所有的感官和意念力，傳送到一個更高的境地因而受控。不能自制，就不可能悟得最高的本我。瑜伽的第一步是要發深心，一心向神，一心斷絕世俗。世俗斷絕了，才能踏入更高的階段。學習瑜伽之人應該要堅定邁步向前，到達目的方休。

死神閻摩對少年求道者納奇克塔講述瑜伽的過程和方法。他說：「這個證悟不可以言說得，不可以心思得，亦不可以視力得。」瑜伽修練領人入到究竟覺識，這不是任何其他法門或手段可以做得到。究竟真實是物理和心理的能力所不及，因為它們無法觸及阿特曼的超越真實。那個真實比最微妙的還要微妙，所以言語的表述能力遠遠不足以形容三摩地的喜樂境界。它無法形容，因為言語必然不完美。連某些高層次的情感，例如愛的心念，都無法以唇舌的語言來表述；因為它們屬於情識的語言。

如果語言連表達普通的愛意都有困難，當然就不可能表達對至上本我的愛意。所有不同宗教及信仰對於那一個至上者的表述都顯得相互抵觸，也不盡能讓人信服，這都是因為在描繪靈性的觀念和經歷時，受到人類語言限制的緣故。思想和情感無論如何都無法進入到那個超越的三摩地境界，因為那個層次超越了思想和情感。當所有的心念都清淨了，也受控了，求道者保持心念不游移，定於一點，跨過我執之橋梁，就能去到阿特曼的界域。

否定阿特曼存在之人無法證悟它。但是，能信自己內在本我之人則可以證悟它，因而得最終的解脫。至上本我是一切之因，然而它是無因的。它可以被稱為「無因之因」。它超越了因和果，除了那個可以被稱為宇宙之因的，任何他物皆不存在。

要得到最高的證悟，求道者應該要能有「一心向神」（God-consciousness）的心態。他應該相信神的存在，而這最有力的證明就是我們自己的存在。如果我們否認自己存在，當然就無法證明神的存在。相信一己之我存在，是我們能意識到至上本我存在的基礎。假如我們來自於無①，那我們應該一直都是處於無，然後最後也就是無。無中怎麼能生出有來？如果我們相信自己的開始和結束都是無，那我們目前的狀態也應該是無，如此我們在世上一切努力和行為都是無用之舉，都絕對是在浪費時間。相信無的人，就像是在玩玩具的孩童。

譯註

1. 此處原文是nothing，因此譯為「無」。

第十九章／

瑜伽之道

吠檀多哲學對於本我存在的說法是極度合於理性的。在睡眠時，我們意識不到自己的身體，但是仍然存在。在睡眠時，我們存在不是因為我們有身體，而是因為我們本然存在；就因為這個存在，才使得我們的身體顯得存在。唯物的思想家主張，因為有身體才有靈魂，靈魂是身體的產物。這種講法無異於是在讓車來拉馬，所以無法得出任何正確的結論。

存在意識不是因為身體而有。恰恰相反，是因為有了存在意識，身體才能存活，才能運作。在使喚我們的心識和身體的，是我們的真實本我。事實上，我們會知道他物存在是因為我們存在。如果我們不存在，日、月、星辰、宇宙就都不會存在。如果否認自己存在，我們如何能知道任何東西的存在？

死神閻摩說：「當所有的欲望、激情都清乾淨了，當絕對的靜止壓倒一切，就可以得到永生不死。」瑜伽士是在三摩地中進入永生之界。要進入那種超絕的境地的確很難，但並非不可能。進入三摩地境地的瑜伽士就是我們的證人，證明這是可能的；即使在今日，世上還有很多這樣的人存在。因為至上的我是言語、感受、思想所不及，也沒有證據能證明它的存在，所以，我們除了說祂是有的，其他什麼都不能說。若人真想要確認祂的存在，就必須跟求道者納奇克塔一樣，完完全全做好去死的準備，去到陰間。

死神閻摩教導納奇克塔說：「若是所有無明的結縛都能在此生除盡，人就可進入永生的極樂國土。」業的結縛（也就是欲望）很多，常人無法在一生中將它們完全清除。在這個無明塵世中，人生是非常複雜的，而且由於「幻」（māyā）的緣故，又有很多的妄想迷惑，因此，的確讓人很難以辨別什麼是本我和什麼是非本我。

求道者應該要清除種種欲望、野心、世俗激情的結縛，以淨化自己的思想和內心。無明的結縛是證悟之途上真正的障礙。被迷惑的凡人被這些結縛所困，無法摧毀它們。他們被「我們是這樣」、「我們是那樣」、「我們快樂」、「我們不快樂」等等的念頭牽著鼻子走。他們迷失於追逐世俗之物，總是忙著去滿足自己的感官之樂。

其實，身體本身是阿特曼的工具，是實證本我的一個重要工具。如果只把它用來滿足身體本身的欲望，就只能繼續在無明的黑暗中摸索。實情是，我們是阿特曼，而不是這個身體。由於誤把非本我當作本我，我們繼續犯錯，繼而承受自己行為的結果。我們過去所做下的行為，會在現在和未來生出結果，那就是我們會有種種痛苦傷悲的原因。

一支箭射了出去，必然會去到它的目標。但只要箭還握在我們手中，我們就可以選擇它的下一步是什麼。可是一旦射了出去，它就一定要依照既定的方向而行。所有我們過去因為無明而犯下的錯誤，都會生出它們的惡果。因此，我們應該要小心不再重蹈覆轍。

只要我們能用「知」之火以及瑜伽的習練來清除無明的結縛，就能成為永生之人。死神閻摩的教導是，一旦求道者能超越身體、心理及智性的界域，證悟到自己的阿特曼，他當下就能成為完人、永生之人。

少年納奇克塔問：「人要如何才能得到永生？如果在此生無法證悟阿特曼

或者從事善行之人，他們的命運將會如何？」

死神閻摩回答說：「對於還不能去到瑜伽最高境地之人，可以由逐漸修練及從事善行下手，當他們能意識到自己那不朽的本質，就終於能得到解脫。」

雖然這是經由一條較慢的漸進過程，不斷去到更高、更高的境域，但在一一跨越過去後，他們還是能去到永恆阿特曼的國土。

死神閻摩接著講述了「王道瑜伽」（Rājā Yoga）。他說，我們的身體系統中有數不盡的血管和脈絡，其中最重要的是一條在脊柱中往上走，稱為「中脈」（suṣumṇā）的脈絡。它穿透脊柱，通往那個瑜伽士認為是最高天界之處。若人在臨終之際能進入中脈則能達至梵，那生命最高的目的。瑜伽士經由中脈最終到達最高意識的至上神主。無上希瓦（Parama Śiva）端坐於神聖的千瓣蓮花座上，藉助修練瑜伽，瑜伽士可以與其合體。中脈是解脫道的關鍵所在。由千瓣蓮花的頂輪，瑜伽士最終上升至絕對的梵。

當瑜伽士喚醒了沉睡的靈蛇之力「昆達里尼」，他的意識就進入了中脈之路。瑜伽士臨終時是將所有的氣集中控制在雙眉之間那個有兩瓣蓮花的眉心輪。他將心識從較低的脈輪那裡完全收回，集中於眉心輪，然後慢慢向上去到頂輪。

人類的心理和生理解剖學問，在吠陀時期就已經發展到很高的地步。精通於此、能掌控自己身心的瑜伽士，是能夠完全控制自我之人。他經由瑜伽的習練，知道如何經歷死亡，知道自己死後會如何。如此的瑜伽士才能夠正確地一路引導求道者。他們能夠指導我們如何除去粗重的肉身外殼，因而證得真實的本我。經典可以告訴我們該怎麼做，但是無法展露真實。唯有因上師或神的恩典而得以瞻仰到真實之人，才能夠為人展露真實。

心念粗重，寄情於世間外物之人，不會有機會遇見如此的大師。我們無法強求他為我們現身，這可能要等上好幾年，乃至於等上好幾輩子，我們把自己給準備好了，才能遇見他。能成功完成這段旅程者的確是受到祝福之人，能走上這條道路者是有福報之人。這可不是一條容易走的路，但是，人生沒有任何其他事情能比它更重大、更高尚。

能征服自己內心的人，是一己的君王。能征服俗世心願和欲望之人，比起歷史上所有征服世界的君王還要偉大。我們的精華本質是永生不死的，瑜伽的習練之途能讓我們成為永生之人。少年求道者納奇克塔證悟了梵的永生本質，超脫了心思的領域，因此進入超意識的三摩地境地。

在走上瑜伽之道以前，求道者應該牢記，唯有保持自己的心地淨化、智性磨利、敏於理解，才能獲致成功。只有能夠把心念從令人散亂的對象那裡抽回來的人，才能專注於阿特曼。心念能集中是必要的。一旦認識到本我，其他什麼都沒有認識的必要。

死神閻摩描述求道者證悟本我的過程，他說：「字語融入了念頭。」他所謂的「字語」是言語之力。我們說出來的字語，是在表達我們的念頭。如果不是先有念頭，就不會說出字語。

其實，字語和念頭是同一個，只不過念頭更細微，而字語比較粗糙。同理，世間所有外在的對象和我們心中的影像，也是緊密結合的。外在的對象可以被帶回到它們細微的心念狀態，心念可以融入智性，而當分辨力（譯按：智性）融入了自我（譯按：也就是我執），我們就來到一個點，在此，所有和外在世界對象的關係都斷了。最後，自我融入了真正的本我，也就是阿特曼。

所以，求道者首先要把他的注意力由外物那裡收回來，然後再從身體、從感官收回來；其後來到了細微的心識和智性作用的領域；最後來到自我，也就是會有「我」、「我的」的感覺所在。即使到了所有其他的感官都不起作用的地步，那個「我」的連續感覺仍然會持續下去，那就是自我。

真正的本我是不會有「我」的感覺。阿特曼無所揀擇，安住於純正喜樂寂滅境地。它是言語所不及。在那個地方不見日、月、星辰，因為本我是自照、自足的。太陽不能照亮本我，而是被本我所照亮。那個自照的本我是我們的真本我。一旦本我展露現前，所有時間、空間、自然的限制都霎時消縮。它的出現令死亡消失，有如朝陽令晨霧消散無形。

死神閻摩講述了靈魂覺醒之後，接著指示少年求道者納奇克塔學習如何證悟阿特曼，他說：「唯有經由親近明師並得到他的恩賜才有可能，因為這條路走起來非常不易。它就像是走在銳利的刀鋒上。智者都說它是最艱難的道路。」那些仍然斷捨不了俗世之人，根本就不應該大膽走上此途。在走上這條瑜伽之道之前，求道者應該要跳出所有俗世的誘惑以及對俗世的依戀。要抵達阿特曼的國土，他會需要一步一步地跨越感官、心識、智性的界域。只要他還是受困於思想念頭的界域，就仍然是在相對的地步，也就會被不停的變易和死亡所左右。

死亡之網一直延伸到自我的界域；超越了自我，就到了極樂和永恆的國土，乃死亡所不及。那個永恆的真實樂境超越了日、月、星辰的聲、色、光。那些被外境的聲色所迷之人，是在自欺。吠檀多哲理告訴我們，要升越自欺，要如實見到萬物的真貌。

世上有任何東西值得我們占有嗎？當我們離去時，必須留下所疼愛的身體以及一切和身體有關之物。在這個現象世界裡，沒有任何東西可以算是屬於我們所有的。我們宣稱是在改善這個世界的社會秩序，但是我們的嘗試都徒勞無功。由於無知和不足，我們反而只是在添亂。

虔心修習瑜伽的學人所立下的目標是永恆的喜樂，他在任何時刻面臨死亡都可以保持泰然自若，因為他深信自己不會死，他的真實本我是永恆不朽的。追逐物質的成就會耗盡我們的能量。能登上高峰而證悟到阿特曼的莊嚴榮光之人，才能度一切苦厄。

追尋真理的智者絕不會祈求物質東西，他知道它們只是證悟道途中的障礙。他堅信我們的永恆生命是無始無終的。在答完納奇克塔所有的疑問之後，死神閻摩把整套哲理做了一個總結，也是交給弟子的囑咐，「知彼阿特曼」。能知識那個不死本我之人，他自己就會成為不死者，「知之乃為之」。認識到神之人，他生命中的每一次呼吸之間都能意識到神。那個意識到神的殊勝境地中，所瀰漫著的是真愛，絕不會是出於自私動機的愛。真愛是出於智慧、喜樂、知識。到了最極致的地步，真愛和知識只是同一個。而在凡人，自私的愛是擺在第一位，對神的愛則是次要的。

對於納奇克塔的故事，以及死神閻摩所給予的教導，能夠專注聆聽的話，就足以令人開悟。能夠跟著一位明師學習納奇克塔的故事，就可以登達永恆光輝和喜樂之境，最終會去到阿特曼的國土而獲得解脫。任何想要知道自己死後歸向何方的人，死神閻摩所透露的祕密，乃是祕密中的最高祕密。而對於凡人而言，這是個多生累劫都無法解開的祕密。有福報的求道者得明師指引而開悟，能明白掌握死亡之神祕，必然心滿意足。

死神閻摩最後令納奇克塔得到解脫，不再受生死所左右。那些能領悟《卡塔奧義書》裡的大祕密之人，就能如同納奇克塔一般得到解脫，前提是，他要將思想和自心淨化，敢於踏入死亡之境去求證悟本我。

附篇1・命終的前兆

只有少數幸運者才能知曉生死的奧祕及死後的生命。死亡只是個逗號，不是句號。死亡是件嚴肅的經驗，沒有人能逃得了這個變易。不為此預做準備者是愚人。

主張唯物的人會覺得，死後還有任何東西存在是難以置信之事。由於他只是活在感官所能覺知的領域中，因此無法瞥見身後的情狀。佛教徒和瑜伽修行人則是相信身體、心識、靈魂三者需要予以區分。

靈魂不是被創造出來的，它本質上是覺識，是圓滿的。肉身死亡之後，存活下去的是靈魂。如果說靈魂是真實的，是有的，那就應該有某種方法去體驗它。

根據佛教和瑜伽的說法，有某些心靈的修行方法可以讓人體驗到本我。每一個求道者都能得到這種體驗，前提是要如法遵行。

求道者要遵行的心靈修行生活準則是，首先要淨化他的心地，然後要斷捨所有的愛執、誘惑以及世俗的好惡，如此才能知曉本我的真實義。他就越過業力的作用，成就不死永生。

死亡能摧毀花朵，卻傷不了種子。生死是兩個聖諦。懂得如何放捨分段世界，所以能樂於整體無間世界之人方是智者。死亡是一股堅強的勢力，它用不撓的公義鍛造出生命殘酷之鏈條。死比生來的強大，但是一心向神的愛又強過死亡。生死是同一個事實的兩個不同的名字，也即同一枚錢幣的兩個面。死亡是在圓結生命中的悲劇，讓生命完美。能跨越分別相，就能征服死亡去到永生之彼岸。

阿特曼絕不變易，絕無去亦絕無來。它永恆地在見證著一切。宇宙是它的顯像，無始無終，生生不息。

生命的真實面就是生命自身，它不始於子宮，不終於墳墓，一生所流經的歲月只是永恆生命中的一個刹那，若我們從那被稱為死亡的恐怖中覺醒，物質世界和它的種種形象就只是一場夢。如果一個人能獲得靈性的恩賜，會使得生命因而圓滿，從此不再墮入無明的生涯。得三摩地之人，在此生就可以體驗到死後的生命。然而，三摩地有幾種不同的境地，最高境地三摩地是可以證悟，但無法言表。

瑜伽的文獻中記載了人命臨終之前有哪些徵兆和現象，下面選錄了一些讓求道者去試驗及驗證。我自己是從實際觀察到的一些案例來驗證這些徵兆和現象，它們幾乎全部都可以得到證實。某些明顯的死亡徵兆，的確能預知其人將不久於世。任何學習瑜伽之人，都能從以下所載列的徵兆中，輕易判斷出死亡將臨。

《卡塔奧義書》中有言：「aṅguṣṭhamātraḥ puruṣo」，意思是「**本我（靈魂）大小如拇指**」，純淨、光明、無煙的火苗（本我），以心窩之城的中心為寶座。身中能量的源頭是心輪，這是位於身體中央上半身和下半身結合的所在。這個內在的中心很重要，需要認識它。這個中心連結到手上的拇指，我們觀察到人在死亡的幾個小時前，兩手拇指會變得非常鬆垂無力，無法舉起拇指。瀕死之人無法如常活動拇指。出現這個情況的人，常會在三日之內死去。

在照鏡中顏面時無法看見自己的頭。所有人以及外物看起來都變成雲霧一般。此人逐漸喪失目視之力。如此之人必定在十日內死亡。

見到空中有兩個月亮之人，會在三個月內死亡。

若在自己的影子中出現了一個洞，可以推定此人將在一個月內死亡。

摀住耳朵，如果聽不見諸「氣」的聲音，但不規則的心跳聲持續，此人將在七日內死亡。

若見到樹發出金色光芒，此人將在十五日內死亡。

若人見不到也感覺不到自己的下肢，此人肯定無法存活，將於五日內死亡。

在夢境中擁抱已死去之人，此人只餘六個月的生命。

在夢境中見到自己憂心忡忡裸身坐著，為離世者流淚不止，此人只餘二十一日的生命。

若身體突然變得異常肥胖，此人可能在六個月內死亡。

若在太陽和月亮中見到有個空洞，代表死亡即將來到。

若人見不到自己的舌尖，將只能存活三日。

守財奴忽然變得樂善好施，樂善好施之人忽然變成守財奴，這種遽然的明顯改變，是死亡劇變來臨之兆。如此之人在六個月內死亡。

除了上述徵兆以外，還有好幾種別的徵兆，不過到目前為止，就我的觀察，大拇指鬆垂是最準的。學瑜伽之人，若是觀察到自己出現這些死亡的徵兆和症狀，不會為自己即將離世而傷悲。他不會停止冥想，反而會更精進地冥想。

那個時候到了，沒人能幫得了我們。生和死之間有一個中間階段。在這個階段，「氣」會停止作用。學瑜伽之人如果不能準備好自己度過這個階段，就會受到心識折磨之苦，卻無法對旁人述說，無法表達自己。但是，如果他認識了真實，就能免於那個災殃。

我在這裡所陳述的瀕死徵兆，都是我自己親身見聞，或是我所遇見之瑜伽士的親身見聞。

一九四七年，我在錫金遇見一位瑜伽士。他可以隨自己的意志控制自己的死亡，也可以讓死者復生。他為我們展示這個能力不下五次。那時我非常有興趣想知曉一種神祕的法術叫做「易身大法」（**para-kāya-praveśa**）。瑜伽士叫我拿一隻活螞蟻，讓我親自用利刃將螞蟻切成三段，把每一段丟在地上彼此相隔十尺。瑜伽士很快地進入深沉的冥想。我們檢查他的脈搏、心跳、呼吸，都沒有生命的跡象。但他在進入深沉冥想之前，他的身體曾經劇烈抽搐。

那隻被分屍之螞蟻的三段身體，在一秒內聚合完整為一體。螞蟻復生，開始爬行。我們留下螞蟻，連續觀察了牠三天。

瑜伽士解說有兩個方法可以起死回生，一個是用到「日學」（solar science），另外一個是用「氣學」（prāṇa vidyā）。這兩門瑜伽的學問只有在喜馬拉雅山區和西藏境內非常少數幸運之人才知曉。

在此，我還要提一個有趣的事件，那是一九六六年在阿拉哈巴德（Allahabad）舉行的孔巴美拉節慶（Kumbha Mela）中，有一位瑜伽士預知死期的故事。我的一位朋友，比那耶·摩訶拉吉（Vinaya Maharaj）派了信差到我的營帳來，要我過去見證他的死亡。在薩拉瓦提女神祭日那天凌晨四點半他捨身而去，臨走前說：「請為我的死亡見證。」我們一直談論有關瑜伽和吠檀多的話題到四點二十八分，忽然他說：「現在時間到了。」他盤腿成「成就式」（siddhāsana）坐姿，含笑而終。我們在場的人都進入恆河浸浴，然後在三河匯流之處將他的遺體沉入河中。讀者可能覺得不可置信，但是實修瑜伽之人對這類的事卻是習以為常。

我在坎普爾（Kanpur）發現一位女士，她曾經修習過「音聲瑜伽」（nāda yoga）。她的兒子是當地一位名醫，名叫坦登（G.N. Tandon），她就在我們面前進入三摩地而終。她一輩子都是善人，在生命最後的日子裡，她完全放下一切，專心融入修行。她是在完全有意識的狀態下離開身體。有好幾百人都在場親眼目睹這位女聖人圓寂，而她生前過著在家人的生活。**我確信，人在世上可以一面過著正常的生活，盡自己的責任，又同時做高階的瑜伽和冥想修練。**

一九三八年，我被派去聖城瓦拉那西（Benaras），與一對孟加拉的夫婦同住。我事前已經被告知，這對夫妻將同時捨棄肉身。他們兩人已經一起冥想多年。他們宣布了自己的死日，而我是在場的見證人之一。

那段時期，我四處追訪這種神祕事件，想要深入了解。我走遍了喜馬拉雅山區的谷地，去過阿薩姆、錫金和西藏，就是為了要尋訪瑜伽士。這些真正有極高修持的瑜伽士，在今日仍然鮮為人知。走過這段路，讓我確信瑜伽不是為了獲取世俗的成就，而是為了完成個體靈和內在的希瓦合一。

附篇2・瑜伽的法門

瑜伽的意思是結合，是個體靈（jīva）與「梵」的結合。瑜伽的法門很多，求道者可以根據自己的心態和根性去選擇。大體而言，瑜伽包括了業瑜伽（karma yoga）、奉愛瑜伽（bhakti yoga）、智瑜伽（jñāna yoga）、樂耶瑜伽（laya yoga）、哈達瑜伽（haṭha yoga）以及王道瑜伽（rāja yoga）。現時有種普遍的誤解，以為瑜伽就只是哈達瑜伽。「哈達」是「哈」和「達」的結合；「哈」的意思是日，「達」的意思是月。**Prāṇa**（入息）是稱呼太陽的名字之一，**apāna**（出息）則是稱呼月亮。因此，「哈達」意味著入息和出息之結合。哈達瑜伽是學生修習王道瑜伽的預備功夫，是王道瑜伽的輔助法門。

瑜伽是一門精準的學問。它是一套完整的體系，學會了就可以做得了自己整個身心的主，前提是必須跟從一位適格的上師修練，不能僅靠書本的知識學習。它能幫助學生做到心力完全的集中，發掘自己身心的潛能。這個系統能幫助學生在有意識的狀態下，跟自己心識和生命的主宰感應交流，做到終極的解脫自在。瑜伽最高的修行地步，無疑能轉化修行者的人格氣質入到神境。瑜伽是一把萬能鑰匙，能夠重新開啟那永恆喜樂平和的境地。它的功用在於降伏一己的身心。我們的心地所反映的是那似乎存在的現象世界。心地能夠放捨，習練瑜伽之人才能終於達成最高的目標。

帕坦迦利在《瑜伽經》中給瑜伽的定義是：「瑜伽乃心地心念之寂滅。」（**yogaś citta-vṛtti-nirodhaḥ**），它的意涵是要防止「心地」（citta）的變異成種種心念（vṛtti）。和這個「心地」相關聯的是「意」（manas）、智性分辨作用的

「布提」（buddhi）、自我意識的「我執」（ahaṁkāra），它們四個合起來就形成了所謂的「內具」（antaḥ-karaṇa）。它們都只是心地中的種種功能。心地中所起的思潮就是「心念」。「心地」這個工具是從自然那個無量的貯藏庫執取某些真實，予以吸收之後表達出來成為思想念頭。靜定之人是能控制自己心內思潮起伏之人。

不可或缺的準備功夫

王道瑜伽的八個階段分別是：夜摩（yama）、尼夜摩（niyama）、體式（āsana）、調息（prāṇāyāma）、內攝（pratyāhāra）、專注（dhāraṇā）、禪定（dhyāna）、三摩地（samādhi）。夜摩是弘大的誓願，包括了五種戒：不暴力傷害（ahiṁsā）、真實（satya）、不覬覦他人財物（asteya）、心語意清淨的梵行（brahmacarya）、不收受任何餽贈（aparigraha）。尼夜摩是包括五項有節制的習慣和需要遵奉實行的事項：苦行（tapas）、自習（svādhyāya）、知足（santoṣa）、純淨（śauca）、依附神明（īśvarapraṇidhāna）。夜摩和尼夜摩對於任何有志於瑜伽之人，都是不可或缺的準備功夫，少了這些先決條件，任何瑜伽的修行都必定以失敗告終。

穩定的體式

瑜伽修行者在為自己培養了良好的基本心態之後，下一個正式的步驟是體式法。習練瑜伽之人，應該要讓自己的身軀、頸、頭保持正直，身體要穩定且紋風不動。四肢沒有任何動作，身體不受任何干擾。在動的只有呼吸和心跳。呼吸在一定的時間之內是可以受到控制，但是習練者卻無法影響到心臟的活動。他對身體的態度，應該是覺得身體不屬於他所有。當那股生命能量（majja）在脊椎中流動無礙，從頭部到脊柱的底端，到這個地步就叫做「等」。脊柱二側有一條正、一條負的兩股流。那股等流則是維持在中間的一條「脈」（nadi），是一條微妙的脈絡通道。身體整個脈絡系統要健全無缺，這條脈流就必須處於流通無阻的狀態。

完美的冥想境地所帶來的自然喜樂，只有在這樣穩定的體式中才有可能。學習者可以從蓮花式（padmāsana）、成就式（siddhāsana）、吉祥式（svastikāsana）或簡易式（sukhāsana）的坐姿①中，選擇一種適合自己的冥想體式。脊髓不是附著於脊柱，而是在脊柱內，所以假如學習者的身體扭曲不正，就會干擾到脊髓。要做到冥想，身體的三個部分——胸、頸、頭——必須要一直保持在一條直線上。

控制呼吸

身體的姿勢能夠做到穩定之後，下一步是用調息法來控制脈絡系統。「調息」（prāṇāyāma）這個字中，prāṇa 是指生命能量，yāma 是調控那個能量。在起初的階段，習練者應該先練習緩慢而深沉的呼和吸，來淨化自己的氣脈（nadi śodhana），這可以調和整個脈絡系統。

如此練習幾個月之後，在上師的指導下，應該做的調息法是：由左鼻孔吸氣住滿肺部（iḍā／左脈），住氣，然後由右鼻孔呼氣（piṅglā／右脈）。這就是一回合的調息，其中包括了入息（pūraka）、住息（kumbhaka）以及出息（recaka）。開始時，每一個步驟的時間長短要依自己的能耐而定，漸漸地，隨著進一步練習，時間應該增加。每天要練四次以上，早晚都要做。

控制感官

下一步則是「內攝法」（pratyāhāra），是讓感官（indriya）受自己意志控制。感官總是慣於往外跑，跟外界的對象事物接觸。心識則是慣於隨著感官奔馳而無所節制。習練者在頭幾個月可能會感到氣餒，但是只要堅持習練就可以馴服渙散的心。如此繼續下去，心就會接受控制。唯有在付出耐心和堅持不懈的努力之後，這個習練才能有成。

專注

「專注」（dhāraṇā）是將心固定在一個外在或是內在的某一個點上。如果心沒有停留在某個東西上面，就沒有所謂的專注。剛開始的時候，感官會把求道者的心念往外拉，使得他的心無法靜下來。我們應該學會要讓念頭不要不停地冒出來，讓情緒安定下來。大量的耐心以及堅持不懈的毅力，是絕對不可或缺的。懶散以及其他逆緣阻力，都會讓求道者偏離正途。

每個人或多或少都有某種程度的專注能力。這個能力應該要有系統地去開發培養，去到最高可能的境地。光是和心去鬥力是不會成功的。思慮和心胸充滿著激情與欲望的人，無法長時間專注於任何事物上。淨化思慮和心胸，再加上真切的慕道心，是走上這條道途之前亟需具備的先決條件。不放縱感官，清除欲念、貪念和嗔念，是增加專注力的方法。

能專注之人就容易得到洞察力，然而，在瑜伽之途上，僅有專注力卻沒有淨化自心的話，也是徒然無用。

學習瑜伽之人，若是能經由練習做到姿勢的穩定，就能有規律地從事調息來讓自己的氣脈和心念得到淨化，就可以輕易做到專注。氣脈的淨化是從事更高階修練所必不可缺的先決條件；如此則可以在三個月的時間內成功練成專注。

一些沒有耐心的求道者，在還沒有正確而完整地認識基礎的練習步驟，就貿然進行高強度的專注。要是不具備對於瑜伽的基本認知，不遵從瑜伽的靈性戒律，求道者就不可能開發出正確專注和禪定所需的注意力。如法的心態和行為、正確的姿勢、呼吸的控制、將感官由外在對象回攝，是構成瑜伽的基礎修練，學習者絕不可鬆懈馬虎。

要是不能控制感官的話，勢必無法專注於一點。如果放任感官活動，心念就會被感官帶著走，自然不能專注於一。在練習心念專注於一的時候，不可從事任何身體活動，連思想也應該避免，也不要讓歡喜、憂愁、沮喪的情緒岔進來。練習者面前不可以有任何會引起情緒反應的事物，因為心受到情緒的刺激就不可能專注。

同理，如果受到飢渴的影響，心念也無法集中。極度飢餓或是進食過度，或是長時間保持清醒而昏昏欲睡之人，他的心念也會無法集中。這些是會干擾專注力的原因，但是，只要此人求道的心夠真切，就能夠克服。一旦心念能專注了，就會生起一種深奧的滿足感，那是一種發自內在，用任何其他方法都無法勝過的滿足感。因此，求道者應該悉心培養專注於一。

剛開始練習時，應該要有一個對象讓心念住在它上面——一個所歡喜的固定對象。如果是心所不喜歡的對象，要專注自然會很困難。此時，就需要有一位適任的老師來輔導學生，依他心的喜好來揀選恰當的對象。心總是會耽於思考負面的事物，專注則能賦予求道者正確而有效率的人格特質。有專注力之人能更快、更好地做好工作。

除此之外，專注力能攝服飄移不定的念頭和情緒的障礙，有助於獲取世間的成就，釐清模糊失焦的概念，將其置於正確的視野下。再艱難的任務，到了有系統地習練專注之人手中，也會成為易事。

禪定冥想

冥想（dhyāna，即禪定）能幫助有志於瑜伽者，把自己提升到永恆喜樂寂靜的境界。神祕的瑜伽之梯能結合粗燥和細微，最終能帶求道者超越所有粗燥和細微的境地，直到「梵」的永生住處。由專注流入到冥想，就像是一股連續的油注從一個容器流入另一個容器，冥想就是連續的一個念頭之流。練習冥想最佳的時間，是清晨三點到六點，以及午後的五點到八點。功夫深的學生可以在午夜時冥想，彼時的氣氛會非常安定和寂靜。

冥想有好幾種法門，主要分為兩類：有質相的和無質相的，亦可以稱為是具體的冥想和抽象的冥想。在具體的冥想中，學生是冥想有形象的對象，例如某個神明或者自己的上師。在抽象的冥想中，則是去冥想「嗡」（praṇava，亦即 aum），或者冥想阿特曼，這都是超越了身體、感官、心念、智性、我執的對象。冥想時，除了自己所冥想的對象之外，不可以有其他的念頭。

冥想「嗡」這個永恆的音聲，伴隨著它的意涵和感受，是控制心念最好的法門之一。它叫做「無相禪」（nirguṇa dhyāna）。除了無間斷重複「嗡」之外，不可以有任何其他念頭。練習這個法門一段時間之後，修行人就逐漸養成一個習慣，能將心識由感官以及感官的對象抽回來。當心識能安住於它一己之內，證悟到超覺識的境地——那是一個靜默的喜樂境——修行人會體驗到喜樂生起的深沉冥想。

求道者應該要具備充分的決心，要在自心中隨時提醒自己是純然的覺識，不同於身體、思想、氣息、感官。一段時間之後，求道者會能喜樂、滿足以及堅忍不撓。修習冥想之途中會有某些徵兆，如同道路上的指標一般，所以修行人能夠知道自己到了什麼地步，還要走多遠。當冥想進步了，所有的欲望和激情都會自行消散。感官和心念會開始受控，變得平靜。求道者只要嚐到一滴深沉冥想的滋味，就不再會被世間無常的樂趣所吸引，因此也會善於區分感官之樂和靈性喜樂。

作為冥想的對象，阿特曼無疑是高於任何其他的對象。阿特曼是安住於心中。此處瑜伽所謂的心，可不是那個外科手術刀可以觸及的生理上的心臟。它不是一團肉，而是一個專注的點，那是所有生命系統和光的主宰處。它是靈性的心。它是心脈輪，為下面三個脈輪（海底輪、生殖輪、臍輪），以及上面三個脈輪（喉輪、眉間輪、頂輪）連結的所在。生理上的心臟是負責將血液輸送到身體和腦部，只是生理身體一己的主宰。而其實我們有三個身體：粗身、細微身、最細微身。瑜伽士所冥想的靈性的心，位於生理心臟的內穴中，不是感官和心念所能見到。如要更精確地明瞭這個題目，讀者就需要跟從一位已經走過這條路的瑜伽士，因為這是一個非常高深的行法，必須得由上師口授給弟子的祕法。如此神祕的瑜伽天梯法門，如果求法的心不夠真切，是無法走上此途的。弟子準備好了，上師自會現身。學生夠虔誠，自會得天助。

若是能遵隨老師的指示，有規律地如法習練冥想，自然能輕易入到冥想的心境中。越是多做冥想，就越能得洞察力，也就是心念越能專注於一點，最後終於能得內照之力。到了能內照的境地，心念和感官就不再會耍它們慣用的把戲，感官的對象會失去它們的吸引力。心識徹底被照亮了，就是無明的布幔落去之時。在冥想最後境地——三摩地，所有的分別不同通通消失。在三摩地中，是人和神的合一，是個體靈和梵的合一。三摩地是絕對的「一」。它是王道瑜伽的頂峰。

三摩地

《卡塔奧義書》中，死神閻摩所敘述的修行途徑是瑜伽之道，其目標是靈性的結合，是個體靈和至上的本我、是靈和「梵」的結合。哈達瑜伽是一門調適身心的學問，有助於在瑜伽之梯登上更高的層級。經由修習哈達瑜伽，可以完全掌握到生理的一己以及氣脈系統。可惜的是，當今之人所謂的哈達瑜伽是一種技巧的練習，不是完整的哈達瑜伽，就連它最精華的部分都沒練到。

真正哈達瑜伽的練習，是在完善身心機體，以適於修行王道瑜伽最高的步驟。所有瑜伽的體系都需要練習者能夠控制心念、淨化情緒，以及強健身體。

王道瑜伽最終的目標，是引領學生去到最高的那一階：三摩地。三摩地有兩種：「有別」（savikalpa，或稱「有形相」）和「無別」（nirvikalpa，或稱「無形相」）。

「心的境地不停地顯現又消失，我是旁觀者，只是漠然看著心境中的形形色色」，這叫做有相或有別三摩地。在這個境地中，瑜伽士只是旁觀著世間的事物，有如一名事不關己的旅人，他的眼睛不會留神去看沿途的地貌。他看著自己的身心狀態和演變情形，好像它們不屬於他所有。正如同變戲法的人不會被自己製造出來的幻象所欺騙，瑜伽士不認為他身體和心理狀態是他的，所以也不會被它們所欺騙。他了悟自己不是它們，能完全保持疏離。這稱為

「有別三摩地」，因為在這境地中能知者、所知的對象和有知都存在。

另一個境地叫做「非智」（asamprajñāta）或「無別」三摩地。在這個境地中，修行人完全解脫了一切繫絆，是自有、自證、寂靜。深深植於「我—沒有—相對—唯有—我—存在」的境地中，是無別三摩地。在這個深沉的境地中，所知的對象和有所知都不存在，只剩下能知者。這是上一個境地的終結。

無別是最高的境地，瑜伽士融入了永恆的喜樂中，將一己擴充入到「唯有—我—存在」境地，安住於全然的寂靜，與他真正的我——阿特曼——合一。這是個「一」的境地，是「等」的境地，是文字無法完全表達的。

三摩地和深沉睡眠之間的區別似乎非常細微。我們可以用一個譬喻來說明：兩個人去晉見國王。第一個人睡著了，而第二個人保持清醒。醒著的那個人是在三摩地中。睡著了的那個人當然也在國王的面前，但他沒覺察到國王在場。深沉的睡眠是個喜樂境地，但是一般人無法覺知。瑜伽士在三摩地中是完全覺知他的喜樂境地。那是個親身直接的體驗，是得自他的阿特曼，是任何其他方式所臆測不到的。三摩地的體驗無法述說，因為那是個超越了思想、文字、行為的特殊境地。蜜蜂進入了蓮花的花瓣中，坐擁花蜜的源頭，要牠如何去描述飲蜜之樂？人生被數不清的束縛所困。那些能將它們一件一件揚棄之人，終有一日會入到阿特曼的國土。一旦得到三摩地，求道者將可永久解脫。這是王道瑜伽的最高階段，是得到永生瑜伽士的永恆歸宿。

譯註

1. 原注：關於這些坐姿的說明，請讀者參閱斯瓦米拉瑪的《王道瑜伽：身心靈全方位實修的八肢瑜伽法》（*The Royal Path*）書中第三章。

中文版附錄1・《卡塔奧義書》正文

（本篇由台灣喜馬拉雅瑜珈協會提供）

第一章

第一節・納奇克塔和他的父親

主題	正文
納奇克塔的父親行祭禮	1.1.1 伐加師若法（Vājaśrava）為求（升天福報），捨盡所有（從事「勝世」〔viśvajit〕祭禮）。他有一子，名叫納奇克塔（Nāciketa）。
供養祭師	1.1.2 當（父親）呈獻供養（給祭司等人）時，（納奇克塔）雖然年少卻有堅信，他想道：

供養名不符實

1.1.3. （牛隻）已經飲盡水、食盡草，產過奶汁，失去感官（不再能孕育），拿牠們來供養之人（父親）必將會去到那些不樂之處。

父親對納奇克塔之詛咒

1.1.4 他對父親說：「噢，吾父，您要把我送給誰？」（追問）二次、三次後，（父親）回道：「我要把你送給死神！」

納奇克塔：「為何我受此報應？」

1.1.5 （納奇克塔自思）「眾多（子弟中）我為第一；眾多（子弟中）我（或）為中等（但是絕非最差）；將我獻給死神能（於父親）有何益處？」

以遵循祖制為榮

1.1.6 （納奇克塔對父親說）「謹記先祖如何行事，今人如何行事（謹守誓言）」（納奇克塔自思）「凡人會衰亡有如黍米，也會再生有如黍米。」

該有的待客之道

1.1.7（神聖）婆羅門客人進門，就像原火（vaiśvānara）入屋，他們（做主人的）依禮（應該）去安撫，快以水相迎，噢，太陽之子（vaivasvata，即死神）。

怠慢的後果

1.1.8 婆羅門沒有受到奉食（招呼）之家，希望、寄託、善行的果報、正語美德、子孫、牛隻全都會失去。

死神賠禮

1.1.9（死神對納奇克塔說）噢，尊貴的客人，因為你在我家三日未曾受到奉食，為了向你致意，請選擇三件賞賜，噢，婆羅門，願我因而得平安。

納奇克塔的第一個心願：取悅父親

1.1.10（納奇克塔說）噢，死神，三件賞賜中，我選的第一個是願（我父親）喬達摩能開心，沒有焦慮和憤怒，當您放我回家時，他會歡喜迎認我。

死神准許

1.1.11（死神說）以我之令，（你父親〔Auddālaki Āruni〕）會迎認你如昔日一般，見到你從鬼門關歸來，他夜晚得以安眠，沒有憤怒。

天界之樂

1.1.12（納奇克塔說）天界中沒有恐懼，您不在彼處，（人）亦無憂年老，無飢無渴，（人）享受天界，憂愁拋腦後。

納奇克塔的第二個心願：願眾生得入天界

1.1.13 噢，死神，您知道進入天界火（供）法，教我，我會虔信聆聽，居於天界者不死，這是我選的第二件賞賜。

死神准許第二個心願

1.1.14（死神說）噢，納奇克塔，我熟知進入天界之火供法（sarvagyam agnim），將為你講述，可以學自我處。須知，能得無邊世界（ananta-lokāptim），能支撐此世界之火，是深藏於（心胸）祕穴內（nihita guhāyam）。

細述此法門

1.1.15 於是（死神）為他講述此世界源頭之火（lokādim-agnim），（火壇）需要什麼樣的磚，數量。如何（點燃祭祀之火）。納奇克塔如法照做，死神非常滿意，再說：

追加賞賜

1.1.16 高靈（mahātmā，即死神）非常開心，對納奇克塔說，我此刻再給你一個賞賜，今後這個火供將以你為名，而且請接受這個光華燦爛的項鍊（sṛṅkāṁ）。

火供之果

1.1.17 點燃納奇克塔之火從事三回火供，將自己與三（母親、父親、上師）合一，履行三責任（學習吠陀、從事祭禮、布施食物），克服生死（輪迴）之人；能知且能實證那生自梵天，全知、華麗、人所讚譽者（火），如是之人得永世平安。

火供之榮

1.1.18 智者從事三回納奇克塔火供，已知（前述之）三，既知（此火，Virāṭ）禪思於彼，於（身體衰亡）之前擺脫死亡桎梏（貪嗔癡），其後能享天界之樂，永無憂愁。

問第三個心願

1.1.19 噢，納奇克塔這就是你的（升天）火（供法），是你所選的第二個賞賜。世人將用你的名字稱呼此火供。現在，請選擇你所求的第三個賞賜。

納奇克塔的第三個心願：能知自我

1.1.20 （納奇克塔說）關於人死之後之疑問，有說法是他仍然存在，也有說法是他不存在；請教我這個知識。這是（我選的）第三個賞賜。

考驗一：道理太深奧

1.1.21 （死神說）連古時的天人對此都有疑問，這甚為奧妙難以理解。所以，噢。納奇克塔，請另選一個別的賞賜，放過我，讓我不必給予這個賞賜。

回應一：更加堅定

1.1.22（納奇克塔說）噢，死神，如您所說，連天人對此都有疑問，它難以理解；但是哪裡還能找到可以和您相比的老師，任何別的賞賜都比不上它。

考驗二：無量財富

1.1.23（死神說）可以選有長命百歲的兒孫，成群牲口、大象、馬匹以及大量黃金；可以選擁有大片土地，要活多久就活多久。

考驗三：再加上權力以及任何享樂

1.1.24 可以選任何你認為比得上它的賞賜，（例如）富貴長壽。可以成為大地的君主，噢，納奇克塔，我可以讓你享盡一切你所想要的。

考驗四：天界之妙樂，天女服侍

1.1.25 世上凡人難以得到的享樂，你儘管提出要求。像是這些天女、車乘、樂器，都是凡人難以得到的。讓他們來服侍你。噢，納奇克塔，就不要問我死亡。

回應二：不求感官之樂

1.1.26（納奇克塔說）噢，死神，這些都是無常的，它們會耗盡凡人感官精力；此外，一切生命都是短暫的；請保留這些車乘、歌舞。

回應三：財富和長壽何需賞賜

1.1.27 財富絕不會令人滿足；我現在既然見到您，怎會去享受富足；您願意讓我活多久都可以；但我仍然選擇那個做為第三個賞賜。

回應四：選擇知識智慧而非愚庸

1.1.28 既然已經遇見了不老永生者，知曉了（有更具價值的賞賜），活在下面世上而不能掙脫老死的人，在省思歌舞之樂後，有誰會樂於長壽？

回應五：堅持已做出的選擇

1.1.29 噢，死神，請為我解答他們對於死後的疑問，別的賞賜都不能解開這個謎團，是納奇克塔不會選擇的。

第二節・死神的教導

主題	正文
人所面臨的兩條可選之路	1.2.1 （死神說）有兩條路，一是善（śreya），一是樂（preya）。兩者的結局不同，人都會受制於其。走善之人會有善報，而走樂之人則是失去人生目的。
須善區別兩條路	1.2.2 善和樂來到人前，智者（dhīra）會深思明辨二者。智者選的是善不是樂，愚人為了物質福祉（yoga-kṣema）選的是樂。
讚歎納奇克塔的明辨力	1.2.3 噢，納奇克塔，那些享樂讓許多凡人沉溺，而你在深思（abhidhyāya）之後揚棄了它們。

明與無明乃善與樂之分

1.2.4 無知（無明）與知（明）分道，結局決然不同。噢，納奇克塔，你一心求知，因為那許多誘惑也無法令你分心。

以盲領盲

1.2.5 愚人沉浸於無知之中，幻想自己是聰明飽學之人，不過是顛仆於來去中，有如盲人為盲人領路。

求樂非正見

1.2.6 如此思想簡單之人對於（死）之後一無所覺，被財富的幻象所愚弄。他以為只有這個（感官的）世界存在，沒有其他，所以就一再陷入我（死亡）之擺布。

【師徒關係】需要對的老師，也要有對的學生

1.2.7 那（至上阿特曼本我），有機會聽說過它的人不多，很多聽過它的人無法理解它。能教導它的老師極為罕有，能明白它的人為有才智者。受教於有才智的老師，而能理解它的人也極為罕有。

靈性之道極難教導

1.2.8 如果任教的人才智不足（未能證悟到「梵」），則無法教人本我。但是如實悟到「不二」之人來任教，則不會有誤解困惑。它比最細緻的還要細緻，是邏輯思議所不及。

讚譽納奇克塔為典範

1.2.9 這個知識不可以思議得之，唯有如實悟到「不二」之人教導，才能徹底明瞭。如今你已得之，要緊握真理。噢，納奇克塔，願我們能有其他如你一樣的求道者。

死神所悟的境地

1.2.10 我知財富是無常；用無常之物絕對得不到永恆；然而，我用無常之物做納奇克塔火供，得到相對永恆得駐天界（為死神）。

納奇克塔所悟的境地

1.2.11 宇宙世界之基礎乃欲望，祭祀的無邊果報乃無有恐懼的彼岸（天界），最受景仰之廣袤遠大（金胎藏），你都已經仔細檢視過了，噢，聰明的納奇克塔，你果斷地捨棄了它們。

證得終極本我之法

1.2.12 那個古老光明的阿特曼本我極難見，藏於內在，位於（心胸）洞穴內之深處，智者能喜憂俱捨且冥思內在之神明（adhyātma-yoga）而證悟。

具體修行之法

1.2.13 凡人既已聽聞（聞），能善區別其精義（思），復能實證此細微者（修），當自欣喜已得眾樂之源頭。噢，納奇克塔，我知（真理之）門已對你大開。

重提第三個賞賜

1.2.14 （納奇克塔說）請告訴我，如您所見，什麼是那超越法與非法，超越因與果，超越過去與未來的。

所有靈性追求的終極目標：Om字

1.2.15（死神說）（它是）所有吠陀所宣稱的目標，（它是）所有苦行所主張的，人因為想要（它）所以從事梵行，我用一語告訴你，它就是嗡（om iti etat）。

Om的涵義

1.2.16 唯有此音節確實是梵，唯有此音節確實是至上者，唯有知曉此音節之人，一切願望皆得滿足。

讚揚Om

1.2.17 這是最好的所緣，是至上的所緣，知曉這所緣之人，得以樂於「梵」之境地中。

【數論瑜伽——《薄伽梵歌》所引述】永恆的本我瑜伽

1.2.18 智性的本我無生亦無死，非由任何東西所生，亦不會生出任何東西。它未曾出生，乃永恆，不朽，古老。身體遭殺戮，它仍不滅。

有為與無為

1.2.19 殺生者認為自己在殺，或是被殺者認為自己被殺，他們都不知它（阿特曼本我）非殺非可殺。

認識本我之莊嚴特性

1.2.20 阿特曼本我小過一粒原子，又大過整個宇宙，永遠住於每一個生靈的心胸內。清淨感官和心識掙脫欲望（枷鎖）之人，能實證阿特曼本我之光華，因而無憂。

認識本我之相違特性

1.2.21 它坐時，能去到遠地；它睡時，能無所不至。除了我自己，誰能知那個光明的真實，那個喜又非喜的神明？

唯有以冥想得證知

1.2.22 智者冥思那至上遍一切處的阿特曼，那在有身體中的無身者，在變易個體中之不變易者，所以無憂。

要得知神性，在德行上的準備功夫

1.2.23 此阿特曼本我無法由研讀經論而得，亦無法由才智思辨而得，亦無法由多聞而得。唯有選擇去求阿特曼之人才有可能得知。它才會對此人顯露真形。

無法證得之人

1.2.24 不能斷除惡行，不能自我節制，不能專注，心不能安止之人，不可證得此阿特曼本我，縱然是飽學之人亦不例外。

神主食物之比喻

1.2.25 婆羅門和剎帝利不過是那個（阿特曼）的主食，死亡不過是配料。誰能知（阿特曼）的所在？

第三節・神聖旅程

主題	正文
【旅人】兩個我	1.3.1（個體靈和阿特曼）二位進入（我們）身中祕穴內，那是至尊者的所在，他們享用著他們善行（和惡行）之果報。知梵者（brahma-vida），（每日）從事五祭之在家人（pañca-agnayaḥ），以及做過三次納奇克塔火供之人，稱他們（這二位）為影和光。
總結一、二節	1.3.2 願我們能精通納奇克塔冥思之學，它是從事火供者（去到天堂）之橋（setu），也是橫渡至無懼（abhayam）彼岸（pāram）不朽至上「梵」之橋。

馬車之譬喻（一）

1.3.3 要知道，這阿特曼（個體靈阿特曼）是馬車之主，身體正是如同馬車（ratha），布提智性是駕車者，心意（manas）則是（控制馬匹之）韁繩。

馬車之譬喻（二）

1.3.4 他們說，感官是馬匹，（感官）所享受的對象如（馬匹奔馳之）道路；智者（manīṣin）宣稱，當他（阿特曼）結合了（yūkta）（誤認自己為）身體、感官、意念，他即是寄情於享受者（經驗者〔bhoktā〕）。

無正確知見

1.3.5 沒有正確知見（avijñānavān）之人意念一直沒有節制（ayuktena manasā），他的感官失控有如駕車者之劣馬。

有正確知見

1.3.6 而有正確知見之人意念一直是有所節制，他的感官受控有如駕車者之良馬。

無正確知見

1.3.7 而沒有正確知見之人，他的意念不受控（而且）不純淨，就不會到達目的地，只會一再重入輪迴。

有正確知見

1.3.8 而有正確知見之人，能控制意念又純淨，會達到目的，就不再出生（入輪迴）。

1.3.9 作為駕車者具有正確知見，能控制意念的韁繩，就可去到旅程最終點，那遍及一切至尊毗濕奴的所居地。

通達至上之步驟

1.3.10 感官之標的（artha，此處是「唯」〔tanmātra〕）超越（parā）感官，超越標的是意念（manaḥ），超越意念是布提智性（buddhi），超越布提是摩訶之我（mahān ātmā，即宇宙布提）。

1.3.11 超越摩訶之我是未開顯者（avyaktam，即原物），超越未開顯者是（遍及一切的）本我（puruṣa），超越本我何有更高的（kiñcit），那即是（旅程）終點（sā kāṣṭhā），最後的目的（sā parā gatiḥ）。

【瑜伽之道】
本我只有精銳智力者能見

1.3.12 這個阿特曼本我，藏於一切生靈中，不可（被所有人）見。但是可以被具有精細而銳利智力者所見。

由言語次第融入本我——瑜伽之步驟

1.3.13 讓智者（prājña）將言語（vāk，代表所有感官）融入意念（亦即《瑜伽經》之回攝〔pratyahāra〕），意念融入能知之一己（布提智性〔jñāna-ātman〕，亦即《瑜伽經》之專注〔dhāraṇa〕），能知之一己融入「大」（mahat，即摩訶自我、總體心識〔hiraṇyagarbha〕，到此即《瑜伽經》之dhyāna），然後「大」再融入寂靜本我（śanta-ātman，亦即《瑜伽經》之puruṣa）。

號召覺醒

1.3.14 起來（uttiṣṭhata），醒來（jāgrata），你得了賞賜就要實證之。那條道路難走，銳利如剃刀，不容易跨過，如聖哲們所宣說。

細緻之至尊本我

1.3.15 它無聲、無觸、無形、不滅，它亦無味、永恆、無嗅。無始、無終，與「大」（摩訶自我）有別，無變，能證悟它之人就可自死亡的口中解脫出來。

納奇克塔故事之榮耀

1.3.16 聽慧之人（medhāvai）聽聞這個由死神所講述的納奇克塔之永恆故事，勘能在「梵」的國度（brahma-loka）中得榮耀。

傳頌此故事者大吉

1.3.17 能於婆羅門眾（求道者）集會時誦讀此最高祕密，或者於亡者追悼會中覆述者，此人勘入永恆，此人勘入永恆，即此。

第二章

第一節

主題	正文
第一障礙是感官外馳，本我不可由感官得知	2.1.1 本然的神主將（感官）往外刺開（所以它們的慣性是向外）；因此（人）向外看，而不向內看自性。罕有的智者（kaścit dhīra）欲求不朽故，轉眼（āvṛtta-cakṣu）內望，見到內住的本我。
第二障礙是心識思樂的欲望，希求於無常中得到滿足	2.1.2 幼稚之人向外尋找樂趣，落陷入時刻在旁的死亡之口。智者成熟知不朽，不會在無常之物中尋找永恆。

本我是體驗的覺知者	2.1.3 人藉著那個（覺知）色、味、香、聲、（觸）性樂，唯有靠那個才有覺知。還有什麼其他（是它所不知）？這個（本我）確實是那個（etad vai tat）。
本我是三種精神狀態之旁觀者	2.1.4 彼遍在之至上本我乃人憑借以知夢境和清醒境者，智者既已實證乃無憂。
本我是業果體驗者且超時空	2.2.2 此本我（jīvātman）是行為結果之經驗者（madhvadaṁ，享受蜜糖者），是生命之支持者，近在眼前，是過去和未來之主，知此之人無所懼。這個（本我）確實是那個。
本我是金胎藏（從「梵」的觀點而言）	2.1.6 彼初生者（pūrvaṁ jātam，即 puruṣa，亦即金胎藏）由苦行而生，先於水大等元素，已入於眾生心穴內，與眾生同在，這個確實是那個。

本我是金胎藏（從生靈的觀點而言）

2.1.7 彼阿蒂提（Aditi）乃諸神之母，元氣（prāṇa）由彼而生，已存於眾生心穴內，乃眾生生而有之，這個確實是那個。

本我是「大」（virāṭ）——從現行宇宙觀點而言

2.1.8 彼全知者火神（Agni）藏於火棍中，猶若胎中兒被孕婦所保護著，日日受不眠者（精進者，智者）、受投入供品供養者（居家人）、受（從事納奇克塔火供之）人所呵護禮拜，這個確實是那個。

「梵」乃最終的依處

2.1.9 彼為太陽升起之處，為太陽落下之處，眾神於其中安立，無可超越彼，這個確實是那個。

「梵」在此處又在彼處

2.1.10 凡此處有，即彼處有。凡彼處有，此處亦有。見此處和彼處不同之人，由死亡走向死亡。

心是修行重點所在

2.1.11 唯有由心（沉思冥想）能得之。不存在異多。見此處和彼處不同之人，由死亡走向死亡。

觀想「梵」如拇指大小

2.1.12 彼本我（puruṣa）如拇指大小，居於人身中。彼為過去與未來之主，一旦知彼，其後無有恐怖。這個確實是那個。

2.1.13 彼拇指大小本我如無煙之火苗。他是過去和未來之主。他今日同樣，明日亦同樣。這個確實是那個。

見到多與一之結果

2.1.14 如同雨水落於不可至之高處，再由群山各處分流而下；見分流之人無可避免地追逐各個（流水）。

不二

2.1.15 正如同淨水倒入淨水中，成為完全同樣淨水，如是（evaṁ），喔，喬達摩，明此理（vijānata）之冥想者（muni），其本我（ātmā）亦同樣成為（彼至上本我）。

第二節

主題	正文
將身體比喻為城市	2.2.1 彼無生無曲智者之城有十一門。冥思於彼之人能無憂，得解脫，確實解脫。這個確實是那個。
「梵」無所不在	2.2.2 他是天上之雁（haṁsa）（如日），如風充塞（天地之間）空中，如火住於祭壇中，如屋中之神聖賓客。他住在人中，神中，於祭祀中，於空中。他生於水，生於土，生於祭祀，生於山。他是真理（道），最偉大者。
是「氣」之導引者	2.2.3 他引著呼氣（prāṇa）往上，他推著吸氣（apāna）往下，安坐於（心中蓮花）中，為眾神（感官）所仰慕。

身體壞時，剩下來的為何？	2.2.4 當（死亡之時）住於身內者脫離，由身體釋放出來，還剩下來什麼？這個確實是那個。
「氣」離去時，剩下來的為何？	2.2.5 有生死之眾生並非倚靠出入息，眾生依靠別的，那也正是此二者（出入息）所依靠的。
身體不在了，其後如何？	2.2.6 好，噢，喬達摩，我將為你解釋不朽者「梵」之奧祕，以及人死後（個人）本我（靈魂）的情狀。
轉世由業力和知識決定	2.2.7 根據各自所作的業，以及所知識（聽聞），有的（個人）本我進入子宮以得身體，有的會進入不動的（例如植物）。
	2.2.8 那個即使在人沉睡時仍然醒著的本我（puruṣa）會一再形成欲望和欲望對象，彼的確是純淨者。彼即是「梵」，稱為不朽者。所有宇宙世界均在其中形成，無人能超出其。這個確實是那個。

內在之本我既於此又超越

2.2.9 如同火本是一，會因（所燃燒、所透過之）物而成不同形狀，同樣地，所有生靈內在的同一個本我，因（所進入、所透過之）物而呈現不同形狀，而且也存在於（其）外。

2.2.10 如同空氣（風）本來是一，會因（所充塞之）物而成不同形狀，同樣地，所有生靈內在的同一個本我，因（所充塞之）物而呈現不同形狀，而且也存在於（其）外。

2.2.11 正如同太陽，那整個世界之眼，不會因（生靈）之眼的外在瑕疵而染汙，所有生靈內在同一的本我從不會被世上的苦痛所染汙，因為它超越（世間）。

一控多

2.2.12 所有生靈內在唯有一個主宰，它由一生多。智者在他們之內證悟了此本我，永恆的幸福即屬於他們，不屬於他人。

2.2.13 彼於許多無恆中之永恆者，於許多能覺者中之覺者，雖然是一但能滿足多眾之欲望，智者在他們一己之本我內證悟了他，永恆之寂滅（śānti）即屬於他們，不屬於他人。

2.2.14 （納奇克塔問）彼等（聖哲）如是領悟到那無以言狀的至上幸福為「這即是那個」（tad etad iti）！我如何能知這個？它究竟是自照明，還是被照明？

2.2.15 （死神答）太陽無法照明（阿特曼）那裡，月亮和眾星也（照）不及；這些光明皆照不及，更何況此（屋中）燭火。所有會發光的都是因為那個在發光。它的光照明所有這（世界）一切。

第三節

主題	正文
植根於梵的世界樹	2.3.1 此永恆不死樹（aśvattha）之根在上而枝在下；那個正是純淨（śukram）；那個是「梵」，唯有那個才叫做不朽者（amṛtam）。所有宇宙世界均安住於其中，無有任何能超出那個；這個確實是那個。
至大怖畏	2.3.2 所有這整個宇宙以及其中的一切，乃是由氣（prāṇa，也就是「梵」）之振動而有。它是至大怖畏（mahat bhayam）（如同）豎立的閃電（vajram udyatam）。知此者乃成為不死者。
宇宙之秩序	2.3.3 以怖畏他之故，火會燃燒；以怖畏（他）之故，太陽會發出熱；以怖畏（他）之故，天帝（Indra）以及風（vāyu）以及第五死亡（mṛtyu）各司其職。

人身難得，沒有證悟前就不斷輪迴

2.3.4 若人能於身體毀壞之前於此（世界）證悟（「梵」）（此生即得離苦），（若不）則於此現象世界（再）得人身。

2.3.5 於一己之內見到（「梵」）有如在鏡中（見到自己），於已逝祖先靈的世界中則如在夢中（見到），於（更高的）健達婆世界（gandhavas）中則如在水中（見到），於（最高的）大梵天（brahmā）世界中（見到）則有如光和影。

一己本我與感官（身體）之區別

2.3.6 既知感官本質乃（由五唯所）分別生起，也知它們的起滅（與一己之本我）不同，智者因而無憂。

瑜伽之道係由感官昇華至未開顯者集體心

2.3.7 心識勝於感官，布提猶勝心識，勝於布提者乃「大」（mahat），勝於「大」者乃「未開顯者」（avyakta）。

由未開顯者集體心
昇華至「梵」

2.3.8 更勝於「未開顯者」乃「普如沙」（puruṣa，本我），是遍及一切、完全沒有任何標記者（alinga），知彼之人得解脫成為不死者。

心受布提所控，才
能悟知「梵」

2.3.9 他的形態不在眼界中，無人可以用眼去見他。他在心（穴）中顯現，受布提所控制的心識得以悟知（abhiklṛptaḥ）。知此者成為不死者。

感官完全內攝

2.3.10 當五個認知感官以及心識止息，以及布提也不再起伏，他們說，這個，是最高境地。

此乃瑜伽

2.3.11 這個感官之穩固受控專注（sthirām indriya-dhāraṇām），即視為瑜伽。如此，其人能不放逸（apramāda），因為瑜伽有進有退。

對本我堅信之人，
才能得知

2.3.12 其不能以言語，不能以心識，不能以眼知，除了說「就是這個」（asti iti）（敢肯定）之人，有誰能得知？

寧有勿無

2.3.13 它（阿特曼）應該只被認知是有，然後（實證）它的真實本性（tattva-bhāvane）。此二者中，認知它只是有，能益於它的真實本性展現。

無欲才能得永生

2.3.14 當纏結在心中的欲念都被摧毀了，凡夫即成為不死者，就在（此生）此地證得「梵」。

什麼才是無欲

2.3.15 若心中之所有之結在（此生）此地都被解開，凡夫即可以成為不死者，唯有此才真正是（吠檀多之）教旨（anuśāsanam）。

【修行之果】

心中之脈

2.3.16 心（輪）中有一百零一條脈，當中有一條（中脈）上通至頭頂（頂輪），（臨終時）由此上行穿出，能成為不死者；其他（脈）去到不同方向，會帶至輪迴再生。

再次總結

2.3.17 內在之本我（puruṣa），大小如拇指，永住於每人之心穴中。應該仔細無誤地將它由身中抽出（區別），有如從蘆葦桿中取莖。應知它為純淨不死者，的確，知其為純淨不死者。

結語

2.3.18 於是，納奇克塔得了死神所教導之知識，以及所有關於瑜伽之教導，擺脫了欲望和死亡，登達「梵」境。任何其他知曉此靈性之理者亦然。

中文版附錄2・斯瓦米韋達談認識死亡

——二〇〇四年講於印度德里

（本篇由台灣喜馬拉雅瑜珈協會提供）

如何擺脫對死亡的恐懼

首先，讓我們靜默五分鐘。

五分鐘的「無執」（aparigraha），放下，什麼都不要了。

雙手放在膝上，舒服地坐著。

將你的覺知力放在此刻所坐的地方。

讓你的眼睛輕輕闔上。

在你心中作意，依你的宗教信仰或是傳統習俗，選擇一個神聖的語句或是神明的名號。

放鬆你的額頭。放鬆你的下顎。放鬆你的喉部中心。

放鬆你的肩膀，直到你的雙手變得像是嬰兒的雙手一樣。

放鬆你的心窩部位。放鬆你的肚臍部位。放鬆你的髖關節。一路放鬆到你的腳趾。

放鬆你的腿部肌肉。放鬆你的髖關節。放鬆你的肚臍部位。放鬆你的心窩部位。放鬆你的喉部中心。

放鬆你的肩膀。放鬆你的下顎。放鬆你的額頭。

輕輕地把你的注意力帶到呼吸上。只去感受呼吸在鼻孔中流動、接觸。

輕柔、緩慢地呼吸。

呼吸要均勻，沒有抽搐。

呼氣與吸氣之間沒有停頓。一口氣到了盡頭時，讓你的覺知力繼續去到下一口氣的流動和接觸。

現在，加上你所選定的神聖名號或是語句。

呼氣，默想著那個名號。不要中斷，吸氣，默想著那個名號。

不要中斷對呼吸的覺知。不要中斷對那同一個名號的心念之流。

保持著那股流，觀察呼吸、心念、名號是如何融合為一股單一之流。

你的整個心識成為一股平順之流。

不要中斷對那股流的覺知，心識成為一股流，持續對名號的心念以及呼吸的感受。

現在，你可以睜開眼睛，但是保持對那股流的覺知。成為一名旁觀者，即使睜開眼睛後，仍然在觀那股流。

在你心中一而再、再而三地決意，用這個方法讓心靜下來。

無論你讓心去做什麼，就會成為心的習慣。心散亂的習慣就會被平靜的狀態所取代。

願神，諸佛，所有的上師、先知，各傳承的始祖們為我們祝福。願神祝福各位。

因為沒有人經歷過死亡，所以死亡是一種非經驗。我們今天要試著把這個人類都會面臨的非經驗做一個濃縮式的說明。經驗的終點即是死亡的起點，在此，暫且不論我們所謂的死亡究竟是什麼。

死亡是世上最神祕之事，它僅僅存在於想像的領域中。我們稱之為人的身體，是一個非常複雜的化學聚合物，如同別的聚合物一般，聚合物終究會消散。為什麼聚合物會化解分散？我先把這個問題留給諸位。非經驗是無法審視的。如我所說，沒有人經歷過自己的死亡。但是這有一個例外，容我稍後再說。這個題目太大了。我們要怎麼去探討一個未知的東西？

《瑜伽經》第二篇第九經：「自然流露出來，即使智者也不能免除的，是對死亡的恐懼。」（sva-rasa-vāhī viduṣo'pi tathārūḍho' bhiniveśa ）。這是《瑜伽經》對「死懼」（abhiniveśa）的定義，它和第一篇第八經對「顛倒」（viparyyay）的定義相關聯：「所謂顛倒，是不依據事物的真實本質所建立的錯誤知識。」（viparyayo mithyā-jñānam a-tad-rūpa-pratiṣṭham），把不是那個當成了那個，把那個當成了不是那個。你可以定義「那個」是X，把X誤認為Y，把Y誤認為X，這就是「無明」（avidyā）。什麼是無明？「無明就是顛倒，把無常認作常，把不淨認作淨，把苦認作樂，把非我認作我」（瑜伽經第二篇第五經），例如我們把這個無常的身體當作常，以為可以讓它變成恆有，永久存在，就是顛倒，就是無明。

我正在著手寫《瑜伽經》的釋論，曾經非常仔細地探討「abhiniveśa」這個字。其實在《瑜伽經》的文獻中，這並非它唯一的出處，它還隱身在另外一處。古來對《瑜伽經》最權威的論述，是大師威亞薩的釋論，他在對第二篇第十八經的註釋中，提到冥想時的慮知思議過程，一般人對它都不甚了解。它在《瑜伽經》中有，在佛教和印度密教中也都是受到高度認可的，但這並非我今天要談的題目。它是在講冥想時觀察你自己的過程，看你到了哪個階段，冥想進到什麼地步。它有六個階段：感官所知覺（grahaṇa），憶持不忘（dhāraṇa），思辨（ūha），否定思辨（apoha），如實知（tattva-jñāna），決意固執（abhiniveśa）。在我寫的釋論中對此有比較詳盡的說明。①

我的學生經常會問的一個問題是：「我怎麼知道自己到了什麼境地、什麼階段？」我的回答是，你靜坐時進入了「氣身層」（prāṇamaya），你說我此刻進入了氣身層，那你就已經不再處於氣身層了。然而，這個慮知過程是發生在另一個地方。我重申，今天這個講題不是關於冥想，但是冥想和死亡是有密切關聯的。

不同的註釋家對「abhiniveśa」這個字的解讀有所不同。其中一個解讀是，在冥想時去到如實知的境地，認知了真實，不論你所認知的是哪一個層次的真實，你就牢固地抓住那個層次的真實，那就叫做 abhiniveśa，固執。所以這個字主要的意義並非死懼，死懼是它次要的意義，只限於指某一類的「煩惱」（kleśa）和「顛倒」。Abhiniveśa 主要是指任何你所牢牢建立的觀念。

Abhiniveśa 這個字也出現於諸多其他的梵文詩歌文獻中，任何你牢牢建立的情緒也是 abhiniveśa。例如史詩《羅摩衍那》（*Rāmāyana*）中，羅摩（Rāma）想要放逐妻子絲塔（Sītā）[2]，她的兄弟們對此不滿，但他們觀察到羅摩有一種「鐵面無私的固執」（rūkṣa-abhiniveśa），所以他們不說出來，但也沒有保持沉默，他們一定是在用肢體語言來表達。十二世紀偉大的耆那教徒黑馬羌德拉（Hemacandra），他是一位真正的大師學者，博學多聞，也編纂過梵文辭典，他說，nirbandha 和 abhiniveśa 是同義詞。你內在所固守的，就是 nirbandha，它已經形成了一種約束力，也就是 abhiniveśa，是一種固執，堅持。

在吠檀多哲理的文獻中，我找到有三處提及 abhiniveśa 的概念。一處是商羯羅大師對《梵經》（*Brahma Sūtras*）的釋論，以及他其後進一步所作的註解，他說，凡人把這些物質元素疊加（adhyāsa）到本我之上，以至於認為我就是這個身體。這就回到了前面所說《瑜伽經》中所謂的「顛倒」，錯誤地把身體這一堆物質元素的混合體，疊加到本我之上，執著身體為自己，為那個本我。他稱這個為「身執」（deha-abhimāna）。

商羯羅大師的太老師高德巴（Gauḍapāda）為《曼都基亞奧義書》所作的釋論是用頌文體（kārikā）所寫，因此這部有名的釋論就叫做《曼都基亞頌》

（*Māṇḍukya Kārikā*）。其中，abhiniveśa 出現兩次，例如，在頌句 4.75 出現了 abhūtābhiniveśaḥ（不實執著），商羯羅大師對這個詞的解釋是，對不真實（abhūta）之執著（abhiniveśa）。這就是被困在不存在的東西上，把不真實的誤認為真實。那是一種不存在的經驗，或者說非經驗。就是顛倒，就是無明。

我在講的不是哀痛，也不是現代對「死亡」這個題目所做的種種研究。這是一個普世的道理，是一個普世的疑問，有些人已經克服了它。對有些人，它是一個事實。或者你從另一個角度也可以說它非事實，因為它根本就無法被經驗到。死亡不是一種經驗。這個觀點代表了某一方面的真理。

這個問題不僅限於在瑜伽的論典中有所討論，所有的宗教、所有的心靈傳承都涉及到它。在佛教、在基督教的典籍中都有大量的論述，還可以上溯到西方非基督教的傳承，例如希臘的蘇格拉底和柏拉圖。我們讀到，當獄卒帶著一杯毒液來到蘇格拉底面前時，他的弟子們都哭了，紛紛勸他可以再拖一下，因為有先例是可以等到太陽下山時才飲毒自盡。蘇格拉底回答說，有什麼好等的？所以從蘇格拉底，到現代的「死亡學」（thanatology）先鋒伊莉莎白·庫伯勒·羅斯（Elizabeth Kübler-Ross）女士，他們都探討過這個問題。

在基督教的神學理論中，這是一個很重要的主題。我在寫《冥想與死亡之道》（*Meditation and the Art of Dying*）那本書時，一直想把書名叫做《冥想與生活之道》，因為我在歐洲各大圖書館研究基督教傳承關於死亡之道的文獻時，意識到它和生命之道息息相關。生命之道即是死亡之道。你不能掌握生，就無法了解或掌握死。同時，我也發現到基督教以及基督教以前時代的祈禱文，與印度《吠陀》文獻中的祈禱文，都同樣有著許多祈求永生的語句。

再回到「**abhiniveśa**」這個詞語，它的其中一個意義是固執，執著。執著於什麼？威亞薩說，無論你多麼博學，還是會執著於「願我非不有」（**mā na-bhūvaṁ**）。這是個雙重否定的表示法。無論你能背出多少經典，這個對死亡的恐懼仍然揮之不去。威亞薩說，這個恐懼有二個層面。第一，它只是一種習氣，是前世死亡所留下的心印。不能有意識地進入死亡之人，會對失去意識產生恐懼，我們恐懼死亡是因為意識昏暗。如果我們再回顧高德巴和商羯羅對「不實執著」的定義，亦即在一堆物質元素的混合物上疊加一個「我就是這個」、「這個就是我」的觀念，那個無知本身就是昏暗，我們就活在那個昏暗中，而我們所恐懼的是當我們捨下這個身體之後，那個昏暗會成為永久。

然而，這個詞語在《瑜伽經》中還有另一個部分，是個非常微妙的部分，就是 **bhaya** 也被翻譯為恐懼。《瑜伽經》第二篇第三經說，「煩惱」（**kleśa**，也就是過患、我們所遭受的苦痛）一共有五種，分別是無明、有我、愛戀、厭憎、死懼。什麼是厭憎（dveśa）？威亞薩說，這是一種想要逃避什麼事的強烈欲望，以至於會有暴力的意圖和傾向。死懼是緊接在厭憎之後，它也是一種厭憎，可以說是想要逃避某種厭憎，即厭憎不存在。它也就是一種執著，不是執著於死亡，而是執著於自己的存續，以我們所習慣的形態存續下去，以我們認為是我的形態存續。這就是一種恐懼。

我們知道《瑜伽經》的其中一個基礎理念就是在對治恐懼，包括對死亡的恐懼。那個理念是瑜伽修行的第一步，也就是非暴力（ahimsā），此為五條夜摩戒律（yama）以及五條尼夜摩善律（niyama）的第一條，是其餘四條戒律和五條善律的根源。所以，就算你不刻意去遵行其他九條，只專注於非暴力這一條，所有的夜摩和尼夜摩都會自然成就。

記得前面說過，厭憎是有暴力的意圖和傾向，死懼是要逃避所厭憎。因此，我現在要提出的道理可能會令你感到震驚：我們之所以對死亡感到恐懼，是因為我們曾經將死亡帶給其他生靈，故意以及非故意的行為都包括在內。要做出一件美麗的絲料紗麗衣裳，需要多少蟬繭，要活生生煮死多少隻繭裡面的蛹蟲？所以耆那教徒不使用絲織品。這只是一個例子。

我們以故意以及非故意的暴力行為將死亡帶給別的生靈。我們的內在都有知，但是不願意對自己的心宣示，因為我們不想面對自己的暴力，就去壓抑這個知。心理學有個原則，就是你所壓抑的念頭，會以另一種念頭形態用十倍的力量在你心識中顯現。這個被壓抑的知會變成你的恐懼，它會變成你無法擺脫的念頭。它會爆發出來。

因此，根據瑜伽的傳承，恐懼死亡的對治之方，是停止把死亡帶給其他生靈。例如對戰爭表態支持，賺取不義之財，這都是一種細微的暴力形態，而我們時時不自覺地參與其中。除非我們能看清這種暴力的參與，對死亡的恐懼就不會消除。所以，我們該選擇生命，生命之道才是恐懼死亡的解藥。

我們所謂的人生就像是一個長篇故事，而死亡不外乎是這個故事終場的一句結語。你在學習寫作小說時，你的老師會告訴你先構思好要怎麼結尾，怎麼終場。無論你寫小說還是作詩，其中一個祕訣是先搞定結尾。如果你連怎麼結尾都還沒想清楚，你的故事就會搖擺不定，它就不會有結論，不會有一句有力的結語。一個笑話一定要有一句精彩的結尾語，否則就沒有意思，就不算是個笑話。所以，你所謂的死亡，是你所謂人生這個長篇故事的結尾語，而你正在寫這個人生的故事卻沒有構思好結尾語。

但是，瑜伽大師或是如蘇格拉底之類的人，會先讓自己的那個自我、那個我執死掉。唯有能把自己那個我執，那個「我、我、我」給殺了的人，才會是非暴力之人，因為他已經放下了那個本初的執著，那個 abhiniveśa。什麼是本初的執著？就是把這個聚合了物質元素組成的身體當作「我」。要是能放下本初執著，就不會恐懼這個聚合物哪天要遵循自然法則而消散，這個對死亡的恐懼是個繼起的執著。

前面我講到根據《瑜伽經》第二篇十八經，冥想有六個階段的慮知思議過程，第五階段是如實知，因為能如實知，才有第六決意固執（abhiniveśa），這正是第二篇第九經的死懼（abhiniveśa）的對治之方。很少人在講述《瑜伽經》的時候注意到這個微妙的銜接。商羯羅大師也為《瑜伽經》寫過釋論，他在解釋這第十八經時提到，所謂如實知，是知什麼是「應斷」（heya），該斷除的是什麼，以及知什麼是「應為」（upādeya），該接受的、該奉行的是什麼。有了這樣的如實知，把這樣的知一遍又一遍地加諸於自己，直到它成為你牢不可破的見地，成了你行為主要的動機、主要的準則，那就是這裡所說的執著（abhiniveśa），是好的執著，而不是屬於煩惱的執著。後面講《卡塔奧義書》時，我會再進一步談這個題目。

懂得如何死的人，就不再有恐懼。基督教的聖彼得也是這一類的人，因為他不敢僭越他的師父耶穌，所以被釘上十字架的時候，要求讓自己倒著掛上去。如果你覺得這未免過於誇張，我們應該談些有意義的東西。我告訴你，這就是意義之所在。是你需要提升自己。

我每次談論死亡，一定會引起某些人的反感，「喔，拜託不要談死亡這回事！」為什麼不要？你怕什麼？我們人生中有一條鐵律，你怕什麼就更要走向它，把它看個清楚。那是對治恐懼最有效的方法。朝著它走過去，接觸它，看看它是什麼。這和一無所懼無關，而是關乎如實知，要認識真相。如果你不朝著鬼走過去，觸摸它，檢視它，你就不可能知道鬼的真相。

所以，要克服死懼，首先你就得去檢視你所恐懼的，其次你要想好你的死亡。你想要的是什麼樣的死亡？你有沒有好好想過這個問題？只要你能去想它，慢慢地就能克服它，就能克服恐懼，就會熟悉它。所以瑜伽士做的是攤屍式（śavāsana），不是躺平式（śayanāsana），是屍體的體式，成為屍體，不只是躺平而已。

近代的大瑜伽士拉瑪那馬哈希（Ramana Maharshi）在十三歲的時候自問，死亡是什麼？他決定自己去探索，就躺下來，進入死亡。不論他本來的「那個」是哪個，那個在看著他的身體，他看見自己的身體躺在那裡，他說：「哦，原來這就是所謂的死亡。不過，我仍然有未了的事情需要用這個身體去做，我還是待在這個身體中吧。」

後來，他罹患癌症，準備要離開身體時，醫師們努力想治好他的癌症。他對醫師們說：「你們在做什麼？我正想用小病來去掉這個更大的病，也就是所謂的身體。而你們居然要剝奪我治好大病的機會？」

有一位已故的大衛．懷特（David White）教授，在明尼蘇達州的麥卡利斯特學院（Macalester College）任教五十年之久，於一九九〇年辭世。我們都認識他。他是馬哈希的弟子，雖然他從未見過馬哈希本人。幾年前，我聽到一則關於他的故事，發人深省。

有一天早上，一名多年未見、從外地歸來的學生，打電話給他，想約時間過來探望。

他回答道：「我當然樂於見你，不過我今天即將離去。」

學生問他打算去哪裡外遊。

他說：「我今天要離開這個世界。」

據說，他真的在當天下午沐浴之後安詳去世。

這說明了不論你是哪一國人，哪一個時代的人，都可以做到控制自己的死亡，我們叫做「戰勝死亡者」（mṛtyuñjaya）。很多人都會誦念〈摩訶戰勝死亡神咒〉（Mahā Mṛtyuñjaya Mantra）：

Om tryambakaṁ yajāmahe sugandhiṁ puṣṭi-vardhanam

Urvārukam iva bandhanān mṛtyor mukṣīya mā'mṛtāt

嗡，致祭三眼尊，芳香深滋養

如瓜熟縛落，解脫得永生

他們以為這是求不死的咒語，其實不是。咒語最後那一段的意義是：願我得「解脫」（mokṣa），從什麼解脫？要解脫的是「繫縛死亡」（bandhanān mṛtyo），這二個字是相連的，這是祕密所在，繫縛即是死亡。

我的師父斯瓦米拉瑪在即將圓寂的幾個月前，有一天傳喚我去房中見他。

他對我說，將來某一天你坐下來，你對自己說，我準備好捨棄這個身體了，你就能在當天走掉。

在我身邊的人都知道我身體的情況，我患有糖尿病、嚴重心臟病、脊椎有五節椎間盤凸出。每當有人向我訴苦，說他受到病痛的折磨時，我總是會告訴他們：「不要把身體的情況變成心理的情況。」

有一次，有人拿了我的命盤給印度知名的占星大師推算。大師看了看說，請不要來測試我，這個人都過世十二年了！可是我仍然出現各位面前，還年年到世界各地奔波。這是因為我師父的加持，我的工作還沒有完結，我仍然需要用到這個身體。

接下來，我希望能給大家一些具體的提示，可以如何去準備死亡的來臨，可以如何瞞過死神。

納奇克塔的第三個心願

首先，讓我教大家一個具體的方法，來做到克服死亡的第一步，這稱為戰勝死亡者。這是一門非常細的學問，需要用上生命之道以及冥想二者。在生命之道這一塊，我之前只講到關於暴力的問題，但還有其他好幾個同樣重要的主題。在所有的傳承中，這都需要跟著一位靈性的大師去學習和修練，才能精通和掌握死亡的過程。

請調整好坐姿，讓我們做一次簡短的冥想。

就只管放鬆你的心念。你放鬆心念的時候，不要管你叫什麼名字，不要管你的身形如何，就只覺知到本然。

沒有姓名，沒有身形，沒有組成，沒有設定。只有本然。

覺知本然。覺性本有。

觀察在呼吸者。呼吸是來自神的生命禮物。緩慢地呼氣，吸氣，讓呼吸之間沒有停頓。

把一個神聖的語句或是神明的名號織進呼吸中，讓每一口氣都是在祈禱。

讓祈禱字語的每一個念頭之間不要中斷。

保持覺知那純粹的覺性，那個在你裡面呼吸的本然，睜開你的眼睛。

維持這一份沉靜，越久越好。

在你心中做個決定，每天要多用這個方法來靜心。

瑜伽大師在臨終時要融入瑜伽（yogayukta），就是進入那個沉靜，然後用祝福的眼光投向圍繞在身邊的人。要學習把每一口氣都變成一次禱告，無論你是坐在巴士上，還是坐在醫師的候診室，都可以如此利用時間。不要說我們太忙了，你們有的是可以利用的時間。你搭飛機時、開車時、站著等人把車開過來時，都有時間。你要學習善用受你支配的時間。這其中有個祕訣，而此祕訣有兩個部分。

第一個部分算不上是什麼祕密。根據印度傳統的說法，我們壽命的長短不是以年計算，而是以呼吸的次數計算，而個人一輩子的呼吸是有一定數量的。假如你今天中獎贏了一億盧比，這筆錢能用多久？你會需要去問星象家，或是去問理財專家嗎？如果你這輩子命中注定能有一個億次呼吸，你要用多少年把它們花光？你每天發一次脾氣，讓自己的呼吸變得急促，那你的短壽策略就奏效了，何必去找毒藥？我們經常鬧情緒，就是在刻意縮短自己的生命，因為情緒直接影響到呼吸。因此，把心靜下來，學習把呼吸放慢，告訴神，既然您給了我一億次寶貴的呼吸，您看，我不會亂花。

你要學控制死亡的技巧嗎？請哪一位朋友幫我計時，我彈指就表示開始，第二次彈指是結束。（斯瓦米韋達閉眼端坐，彈指。坐了一段時間，第二次彈指。）請問剛才用了多少時間？（現場有人答：五十七秒）那只是一次呼氣的長度，而不是一次呼吸的長度，連我這名心臟病患者講了這麼久的話都能做到。

我可不是什麼在喜瑪拉雅山洞中的隱士。我終年在外，要挑起好幾個修行中心的擔子，要寫書，要演講，要去見世界各地的朋友。當我冥想的時候，我的呼氣是一分鐘，吸氣是一分鐘。我每天都是在延長自己的壽命。簡單嗎？不簡單。你們現在聽到了，心想，嗯，對，對，我該試試。待會兒你走出這個會議廳去用午餐，就把它給忘了。這是因為你沒有下決心，不能擇善固執。但是，除非你前世已經能做到，否則你沒有辦法一坐下來就能一口氣長達五十七秒。你還必須要先掌握其他的技巧，有幾個簡單的步驟，你可以到我們的學院中學習。

第二個部分算是個祕密，只有像我師父這樣的瑜伽大師才知道。他經常提醒我們，做呼吸覺知的功夫時，要注意在呼氣和吸氣之間不要有停頓。要控制呼吸之間的停頓，是因為死亡就是二次呼吸之間的一個長停頓，你在此生終了時停止呼吸，來生在另一個身體中開始呼吸。不過這不是今天要談的題目。

死亡有五種；這些都是和吠檀多有關的東西。大家認為吠檀多的經典《奧義書》只是哲學理論，瑜伽大師卻是把《奧義書》當作冥想的指引。當年我跟著上師學習《奧義書》時，我是端坐在他身邊，他要我閉眼背誦一段文字，我就會領受到某種層次的覺性。這就是加持，透過上師得到神的加持。如果你是佛教徒，你會說沒有所謂外在的神。你可以稱它為直覺，稱它為集體心識、宇宙覺性，不管你怎麼稱呼它都可以。神學理論到此就不管用。神學裡論的爭辯結束，神才展現出來。神不需要去爭論。神說，閉上嘴，聆聽我。冥想就是那個閉嘴然後聆聽。那也是聖方濟各所說，無言的禱告。但是如果你一定要用上字語的話，就用那一個字吧。③

五種死亡中，第一種是從我們進入母親的子宮成為胚胎之時，我們就開始死亡，現在仍在持續中。你每天都要脫落許多死亡的細胞，你內臟所脫落的死亡細胞會透過排泄作用排出體外。你的表皮也不時在脫落死亡的細胞，它們在你的澡缸壁上留下一圈痕跡。這種死亡每天都在進行中，你該去思索一下，不要執著於那種對死亡的恐懼，不敢去想它。你要面對它，檢視它，克服它。

第二種死亡是瑜伽大師所練的死亡之道，也可以說是生命之道，兩者是同一回事。練的時候，外形是用攤屍式為之，很多人以為這就是了。其實，躺下來之後全部的練習都是在內在做，是內瑜伽，要做到瑜伽睡眠的狀態，最後是控制死亡。人在死亡之際，腦波會慢下來，昏迷不醒時也會出現同樣的德爾塔（delta）波。人在無夢的深沉睡眠中，腦波會放慢，而禪定功夫高的人冥想時所顯現的，就是同樣的腦波頻率。我們每天睡眠時，就像是《卡塔奧義書》中的主角少年納奇克塔來到死亡的大門口，隔著門向裡面望，死亡你在家嗎？給我看看你長什麼樣。冥想就是死亡的疫苗。疫苗的原理就是注射微量的病毒到體內因而產生抗體。冥想以及攤屍式無異於每天為自己注射死亡的疫苗，學習如何死亡。在那個境地中，你不再意識到自己的身體，但是又並非處於無意識狀態。

上一次，我在美國加州的一間實驗室進行測試，我坐著在冥想中展示了德爾塔腦波，這是一般人在瀕死或是昏迷不醒或是非常深沉的睡眠狀態中才會呈現的腦波，但我們可以在清醒狀態中展現。

當時主持測試的科學家對我說：「要是我們能有一個按鈕就好了，如此你就可以在測試時按鈕表示你能聽見我們。」

我說：「不用按鈕，我能聽見你們在測試時所說的話。」

這是用科學方法證明了有個無法用儀器測量到的領域。不過一旦你懂了，這些都只是幼兒園孩子玩的遊戲程度而已。所以我們不只是空談理論，講的都是在內在靈性的實驗室實驗過了的。冥想就是在內在靈性實驗室從事實驗。這就是《奧義書》中所描述的去敲死亡的大門。

有一本古老的用蘇美語（Sumerian）④寫的《吉爾伽美什史詩》（*Epic of Gilgamesh*），主角吉爾伽美什是守護蘇美王朝的英雄，他要去找尋不死的祕密。他走遍了千山萬水，終於來到一個小島，遇到一位克服死亡的神人⑤。這就像是《卡塔奧義書》中納奇克塔去探訪死神的情節。

他向神人請教不死的祕密。神人同意，前提是吉爾伽美什必須先通過考驗，要能七天七夜不睡。但吉爾伽美什因為長途旅程而勞頓不堪，一坐下來就睡著了。

神人要他的妻子每天烘烤一個麵包，放在睡著的吉爾伽美什身旁。吉爾伽美什一睡就睡了七天七夜，當他醒來時卻完全不知道自己睡了多久。神人叫他看身邊有七個麵包，第一個麵包已經完全發霉，其餘都依時間遠近陸續發霉，只有最後一天烘製的仍然新鮮。吉爾伽美什啞口無言，因為他的「放逸」

（pramāda）而失去了解開死亡祕密的機會。

史詩《摩訶婆羅多》（*Mahābhārata*）中有個非常有名的〈善生篇〉（Sujāta Parva），我只講跟今天主題有關的部分，故事是盲眼國王持國（Dhṛtaraṣṭra）問仙人永善生（Sanatsujāta）究竟是否有死亡這回事⑥。永善生回答，我唯一知道的死亡就是「放逸」，不能警覺。你們要深入思索這個回答。納奇克塔就是能保持警覺的人。

所以，第二種死亡是瑜伽大師自己或指導弟子所經驗的死亡，在那個狀態中不是無意識的，而是完全清醒的。當他們回到身體的知覺中時，會懷疑身體是什麼，為何我有這個身體？為這種死亡所做的準備功夫，是各種攤屍式的練習。最終的境地則是需要得到特殊的啟引，像是奎師那為阿周那所作，像是死神為納奇克塔所作的啟引。

第三種死亡就是我們執著身體的死亡，它逐漸衰敗，所有的功能作用都亂了，我們不再認得出自己認識的人。《歌者奧義書》對這個死亡的過程有非常詳盡的描述。絕大多數的人都沒有學會生命之道，也就不能掌握這種死亡之道。

第四種死亡是有意識地死亡，是由上師導引弟子的覺識往上離去，留下身體的軀殼。

第五種死亡是真正大師的死法，他不需要導引。

納奇克塔去敲的是誰的大門？他要問的是哪一種死亡？記得他在死神的門外等了三天三夜。我們要讀懂《卡塔奧義書》。文中提到死神教了納奇克塔火供法，是什麼火供法？有一部較少人知曉的《鷓鴣奧義書》（*Taitiriya*

Brahmana）中，有一節專講死神教納奇克塔所做的火供法。不過，文中又講到連眾生的始祖「生主」（Prajapati）投金於火中供養眾神，祈望能獲永生，卻無法如願。其後在一個特殊的火供法中，他僅供養給「世界源頭之火」（lokādimagnim），也就是宇宙覺性之火，才終於如願克服死亡。

讓我們通盤看一下《卡塔奧義書》所傳達的教導。死神給納奇克塔的是哪三個賞賜？納奇克塔要求的第一個賞賜是希望能消他父親的怒氣。死神說，可以，你父親今後在夜間都能夠安眠，他對你的怒氣已消。這是一個先決條件。我常對學生們說，我要知道你的靈性是否有進步，就去看你的人際關係是否有改進。憤怒的人來到你的面前，你能使他平靜下來，你就通過考驗，可以去學冥想。因此，納奇克塔所許的第一個願望是初步。大家卻總是要直接跳到第三個願望，他們想要知道死亡的祕密，卻沒有先學會憤怒的祕密。

死神對納奇克塔說，你的第一個願望，行。你已經懂了，因為你懂了「和煦」（saumya）的祕密，成為和煦之人，你父親原本對你非常憤怒，現在他會平靜下來。

死神賞賜納奇克塔的第二個願望，是對世界源頭之火的火供。講到這裡，我必須一提的是，如今有些時尚的英文靈性詞彙其實跟靈性的學問完全無關。例如，每個人都說印度哲學主張「心勝於物」（mind over matter）。錯！印度哲學從不相信心勝於物。**在印度哲學裡，心是物所生出來的。**印度哲學主張的是，**精神（靈性）勝於物質**（spirit over matter），**而物質包括了心的作用在內**。這是數論哲學的基本主張。但是由於英文的翻譯一直有誤，所以大家不明就裡，以為這就是印度哲學。另一個時尚的詞彙是「宇宙意識」（cosmic consciousness）。宇宙是由物質所構成的，所謂的宇宙意識比起身體意識差不了多少，它是物質形態、物質世界所生的意識。因此，不要被這些詞彙語句所誤導，而要去經驗自己的內在。這是經驗，不是臆測，不是哲學的空談。不要去談論靈性哲學，去實修，你有時間去談論靈性哲學的話，就把那個時間用在實際靈性修行上。

神的覺性展現在宇宙之中，才是真正的宇宙意識（譯者按，在本文中翻譯為「宇宙覺性」，以示區別於一般所謂的宇宙意識），這就是所謂的「宇宙本我」（virāṭ puruṣa），就是奎師那在戰場中為阿周那「顯真身」（virāṭrūpa darśanam），給他看見神在宇宙中運作的形相。整個宇宙就是神的身體，有如這個身體是你——你這個阿特曼的身體。所以，宇宙是那個「至上阿特曼」（paramātman）的身體，那個至上本我的身體，不過還沒有超越形相，還沒有入到「無相」（nirguṇa）的境地，不是超越的。借用基督教神學用語，那還是屬於「內在的」（immanent），那是覺知到、實證到、意識到宇宙中的神在自己的內在，也就是阿周那所見到的。

我們在談納奇克塔，為什麼要講到阿周那？因為商羯羅大師註解《卡塔奧義書》時，在「世界源頭之火」的前一句經文⑦中寫道，死神教給納奇克塔「大身（真身）」（virāṭrūpa）之火。他所說的大身（真身）就是世界源頭，這還是「內在的」。你若能超越這，那麼你對自己肉身的執著，乃至對宇宙之身的執著，就都滅了。

因為時間限制，我要跳到《卡塔奧義書》的最後幾句經文，只能算是給大家一點提示，無法講完整部《奧義書》。希望你們去讀我那本《冥想與死亡之道》，以及我的上師斯瓦米拉瑪的那本《神聖旅程》。

《卡塔奧義書》經文第 2.3.15：「若心中之所有之結在（此生）此地

都被解開，凡夫即可以成為不死者，唯有此才真正是（吠檀多之）教旨（anuśāsanam）。」我們心中有多少個結？必須要等到所有的結都解開了，凡人才可以得永生。在《梨俱吠陀》中宣稱：「我等共飲蘇摩甘露得不死。」（apāma somam amṛtā abhūma）在《廣林奧義書》中，彌勒薏（Maitreyi）問耶若婆佉（Yājñavalkya）：「若此（財富）不能令我得不死，我以此何用？」（yenāhaṃ nāmṛta syāṃ kimahaṃ tena kuryām）⑧。死神說，這，才是吠檀多真正的「教旨和教律」，在教人成為不朽。你需要把這個和《薄伽梵歌》第八章中的頌句做個比較。

《卡塔奧義書》經文第 2.3.16：「心（輪）中有一百零一條脈，當中有一條（中脈）上通至頭頂（頂輪），（臨終時）由此上行穿出，能成為不死者；其他（脈）去到不同方向，會帶至輪迴再生。」商羯羅在解釋這句經文時，明白告訴我們臨終時要由那條「中脈」（suṣumṇā）離開肉身，這是瑜伽大師的死法。

《卡塔奧義書》到此結束了納奇克塔對死神的訪問，他通過了所有的考驗，死神可以賞賜他所有的帝國，可以給他貌美的侍妾，是人間所見不到的美人，可以給他長壽，他都不要。我曾經講過一系列關於誘惑的故事，希瓦抗拒欲神（Kāma）的誘惑、納奇克塔所面臨的誘惑、耶穌在荒野中絕食四十天之後受到魔鬼的誘惑、波斯拜火教始祖查拉圖斯特拉（Zarathustra）所受的誘惑、佛陀在菩提樹下成道時所受的誘惑。他們既不畏懼來自上天的暴怒，對天女也不感興趣，有如此的智慧。

瑜伽士在臨終時把所有的氣能量，把他的意識小心翼翼地集中起來，沿著細細一條中脈往上走，從頭頂離去。別的人則是從那些其他散亂的脈絡離去。

更詳盡的說明要去研讀《薄伽梵歌》第八章。我們以後有機會再談。

現在，請用一分鐘，感覺呼吸在你鼻腔內的流動和接觸，心中同時默想任何你選定的神明之名號或語句。

就只感覺呼吸在你鼻腔內的流動和接觸。保持如此的流動，呼與吸之間不要停頓。

保持你所選定神明名號的念頭隨著呼吸流動。好像耶穌在把呼吸注入弟子，好像瑜伽士把呼吸注入弟子。

那不是你的呼吸。那是來自永恆，來自神明給你的生命禮物。

讓你的心念、呼吸、那個神聖的名號，融合成一股單一之流。

你整個心變成了一股平靜之流。

保持如此之流，輕輕睜開眼睛。

在你的心中決定，用這個方法來平靜你的心，每天有機會就多做，讓你的心養成平靜的特質。

你的心靜下來了，你的呼吸就會慢下來，它就能讓你活得更久。掌握了呼吸，就能掌握死亡。願你在此生就能成為一位不死者。

願神祝福你。

譯註

1. 斯瓦米韋達的《瑜伽經白話講解·行門篇》中，針對第十八經的解說部分，有簡略說明這六個階段。
2. 史詩《羅摩衍那》有幾種不同的版本，部分情節有所不同。此處提及的場景是，國王羅摩因為妻子絲塔遭國人眾口同聲指責不貞，羅摩心知絲塔絕無不貞，但仍然決定將她放逐。
3. 斯瓦米韋達在此並未說出是哪個字，留請讀者自行細思。
4. 這是古代美索不達米亞（Mesopotamia）蘇美文明（西元前四千年至二千年）所使用的語言，是已知人類最古老的書面語言之一。
5. 此人名叫 Utnapishtim，他和妻子是世界大洪水之後的生還者，於是被神賜予永生不死，成為半神半人。
6. 國王因為即將要開戰，憂心自己兒子的生死而問。
7. 這是指商羯羅大師對《卡塔奧義書》經文第 1.1.14 所作的釋論。
8. 耶若婆佉決意出家修行，要將財產留給妻子彌勒薏，妻子反問，如果財富不能令人得永生，我要它有什麼用？

BH0071

此生與此後

認識《卡塔奧義書》，化解對死亡的恐懼，揭開生死的奧祕

Life Here and Hereafter: Kathopanishad

作　　者｜斯瓦米．拉瑪（Swami Rama）
譯　　者｜石　宏
責任編輯｜于芝峰
協力編輯｜洪禎璐
內頁排版｜劉好音
封面設計｜小　草

發 行 人｜蘇拾平
總 編 輯｜于芝峰
副總編輯｜田哲榮
業務發行｜王綬晨、邱紹溢、劉文雅
行銷企劃｜陳詩婷

國家圖書館出版品預行編目（CIP）資料

此生與此後／斯瓦米．拉瑪（Swami Rama）著；石宏譯．－初版．－新北市：橡實文化出版：大雁出版基地發行，2025.07
320 面；14.8*21 公分
譯自：Life here and hereafter : kathopanishad.
ISBN 978-626-7604-64-9（平裝）

1.CST: 印度哲學 2.CST: 生死觀 3.CST: 死亡

137.84　　114007147

出　　版｜橡實文化 ACORN Publishing
231030 新北市新店區北新路三段 207-3 號 5 樓
電話：（02）8913-1005　傳真：（02）8913-1056
E-mail 信箱：acorn@andbooks.com.tw
網址：www.acornbooks.com.tw

發　　行｜大雁出版基地
231030 新北市新店區北新路三段 207-3 號 5 樓
電話：（02）8913-1005　傳真：（02）8913-1056
讀者服務信箱：andbooks@andbooks.com.tw
劃撥帳號：19983379　戶名：大雁文化事業股份有限公司

印　　刷｜中原造像股份有限公司
初版一刷｜2025 年 7 月
定　　價｜450 元
I S B N｜978-626-7604-64-9